PSICODRAMA COM CRIANÇAS

Uma Psicoterapia Possível

Dados Internacionais de Catalogação na Publicação (CIP)
(Câmara Brasileira do Livro, SP, Brasil)

Gonçalves, Camila Salles
Psicodrama com crianças: uma psicoterapia possível / Camila Salles Gonçalves (org); – 5. ed. – São Paulo: Ágora, 1988.

Bibliografia
ISBN 978-85-7183-336-4

1. Psicanálise infantil 2. Psicodrama I. Gonçalves. Camila Salles.

CDD-616.891523
P969 -150.198
88-1375 -618.928917

Índice para catálogo sistemático:
1. Crianças: Psicanálise: Medicina 618.928917
2. Psicanálise infantil: Medicina 618.928917
3. Psicodrama: Medicina 616.891523
4. Psicodrama: Método psicanalítico 150.198

PSICODRAMA COM CRIANÇAS

Uma Psicoterapia Possível

CAMILA SALLES GONÇALVES (Org.)

EDITORA
ÁGORA

PSICODRAMA COM CRIANÇAS
Uma psicoterapia possível

Capa: **Odile M. Tresca**

Editora Ágora
Departamento editorial:
Rua Itapicuru, 613 – 7º andar
05006-000 – São Paulo – SP
Fone: (11) 3872-3322
Fax: (11) 3872-7476
http://www.editoraagora.com.br
e-mail: agora@editoraagora.com.br

Atendimento ao consumidor:
Summus Editorial
Fone: (11) 3865-9890

Vendas por atacado:
Fone: (11) 3873-8638
Fax: (11) 3873-7085
e-mail: vendas@summus.com.br

Impresso no Brasil

ÍNDICE

TERCEIRA PARTE

Psicodrama Analítico com Crianças

Cenas e Símbolos

PREFÁCIO

O Psicodrama é proposta singular de tratamento do psiquismo, dos sentimentos, do comportamento e da relação humana, permitido pelo teatro espontâneo e criativo, privilegiando o grupo, com teorias singelas, técnicas simples e significado profundo, despontado da vivência e da leitura atenciosa das idéias de seu criador, J. L. Moreno. Enveredar-se por outras noções antes de se ter assimilado suas bases socionômicas é correr o perigo de se transformar proposição forte e original em técnica pífia e secundária e, por isso, só após vencer o rubicão moreniano, o profissional irrequieto e curioso autoriza-se a diferentes (a)venturas.

Assim ocorreu com Camila Salles Gonçalves, psicóloga de excelente formação, mestra em Filosofia, curtida nos contextos terapêuticos do Psicodrama e da Psicanálise, estudiosa da obra beaconiana e da biblioteca psicanalítica, com espírito crítico que a faz respeitada no movimento psicodramático brasileiro.

Com invejável disponibilidade para a participação institucional, leal à Sociedade de Psicodrama de São Paulo, onde permanece colaborando, ela e um punhado de não menos dedicados colegas, nomeados na capa do livro, organizaram-se para tocar projeto feliz: o Núcleo de Psicodrama com Crianças da SOPSP. Núcleo de trabalho e estudo, agora colhendo frutos postos à *saboreidade* dos interessados.

O caráter da pesquisa sobressai-se por resultados variados, indo da observação da psicologia social e experimental ao psicodrama analítico, passando pela tarefa moreniana pura. Belo presente nos dá a Editora Ágora às vésperas do VI Congresso Brasileiro de Psicodrama realizando-se em Salvador, Bahia, neste ano de 1988. Axé!

No entanto, por ser padrinho do lançamento, convite emocionante, instala-se a vontade de ir mais além da simples apresentação, por si desnecessária dado o quilate dos autores e a integridade do texto, elaborado mesmo para instigar o leitor e chamá-lo à discussão.

Ir além não significará fazer prólogo ensaístico, mas tão-somente alinhavar problemas do trato teórico-prático da profissão, exigidos como reflexão necessária.

É mote constante em nosso meio a tentativa de aproximação entre Psicodrama e Psicanálise, com iniciativas de cada lado. Pergunta-se: antes de ser um solucionador para as angústias, dúvidas e perplexidades do mister psicoterápico, não seria isso um embaraço a exigir nossa argúcia e criatividade para se manter atividade coerente, integrada e livre de choques metodológicos?

É questão simpática para a qual temos visão despretensiosa.

Sabe-se ter o modelo neurológico-energético das catexias cedido lugar ao conhecimento do ser humano "em situação", no "aqui e agora" existencial, atitude inserida nos fundamentos do Psicodrama.

A interpretação psicanalítica estereotipada e a introspecção "solo" têm sido substituídas pela compreensão dialógica-relacional, razão também do trabalho do psicodramatista.

Conhecemos a abertura do *setting* psicanalítico, cedendo o clímax de tensão ao clima de distensão e campo relaxado, proposta embutida no *warming up* moreniano.

Fluxo persistente de psicanalistas move-se em direção ao cultural, ao antropológico, ao social, às técnicas de ação, à preocupação preventiva, ao corpo, ao vivencial, temas tão caros ao movimento psicodramático.

Quando Igor Caruso, do Círculo Psicanalítico de Viena, defende o Encontro no sentido de um símbolo — sendo símbolo o que une e re-une —, quando propõe também ver os "mecanismos de defesa" do Ego nos seus aspectos existenciais de "troca e permutação" e, ainda, incita-nos a tratar com a "pessoa humana" — sendo esta o homem vivo e concreto das filosofias da existência —, identificamos nessa colocação a formulação do método fenomenológico-existencial.

Quando Spitz e Bowlby levantam a premissa de que o desenvolvimento humano não ocorre só a partir da fantasia, mas exige a realidade externa onde o sujeito está colocado, reconhecemos nela a Matriz de Identidade de nossos cuidados.

Quando teóricos da Psicanálise retomam conceitos de *inconsciente*, relativizando o valor de sua origem sexual (como já quisera Jung), propondo ampliar as pesquisas para melhorar seu entendimento, vemos na noção de *co-inconsciente* de Moreno uma contribuição significativa para o debate.

Entretanto, fora desses pontos aproximativos, urge aceitar a atração das referidas vertentes, não apenas como tangenciação de métodos e articulação de técnicas, nem mesmo como desejo de trazer para dentro do Psicodrama a "peste" anunciada por Freud — hoje, de resto, absorvida, aculturada e ultrapassada pelo Sistema —, mas como enfrentamento, sim, da crise do pensamento psicanalítico, às voltas com o *parlêtre* lacaniano, com os movimentos transgressivos, com a psicanálise do *melting-pot* norte-americano e a Psicanálise mal assimilada dos almanaques.

A partir daí, algumas perguntas se colocam:

— Como conciliar grupos sectários e apaixonados e a universalidade do desiderato psicoterápico?

— De que forma achar um termo ético entre o modismo do mercado de consumo, a elitização intelectual e financeira da clientela e as necessidades da saúde mental, enquanto fenômeno social?

— Como situar o tema essencial da Psicanálise — a interpretação — de modo a afastar o escolho das interpretações canhestras, selvagens e paranóides?

— Haverá jeito de comungar o ecletismo litúrgico e o purismo canônico?

— Como posicionar-se na busca do objeto da Psicanálise: ser do *Partido do Ego* ou do *Partido do Inconsciente*?

Para a última pergunta pode-se vislumbrar princípio de resposta na própria prática psicodramática, pois a experiência tem-nos demonstrado que os temas do Ego passam pela teoria dos papéis; e os do Inconsciente, pelo teatro do imaginário.

Partindo da definição sociológica de papel, por saltos conceituais, Moreno empenha-se no valor terapêutico do papel teatral, do papel dramático, mais especificamente do papel psicodramático. Através dele, no momento do "aqui e agora", com o sujeito "em situação" de relação, o ato criador faz-se presente em *status nascendi*. O ato criador traria, então, todas as dimensões do tempo e do psiquismo, revelando processos conscientes, inconscientes, co-inconscientes e arquetípicos. Pensamento, sentimento e conação se transformariam em uma mesma e única atividade, a ação cênica, com todo seu potencial de catarse de integração — acontecimento essencial do Psicodrama.

Na ação dramática não há lugar para os dois "partidos" isolados e autônomos, eles estarão sempre "fundidos" à semelhança da figura-fundo. Eis ponto crucial para o qual o Psicodrama traz sua colaboração vivenciada.

A temática deste livro, tratada com argúcia e criatividade pelos autores, deu-nos a perspectiva de que a nossa argumentação possa vir a ser melhor desenvolvida, passando a constituir-se em mais um ponto de toque entre Psicanálise e Psicodrama.

Então, na leitura dos temas do *Psicodrama com Crianças*, não só tomamos conhecimento de uma *psicoterapia possível*, mas percebemos a intenção mais ousada de Camila Salles Gonçalves, de "fazer nossas cabeças".

Tenho dito.

Ouro Fino, março de 1988.

Wilson Castello de Almeida

INTRODUÇÃO

O Psicodrama auxilia as crianças na superação de obstáculos a seu desenvolvimento emocional, através daquilo que ninguém lhes pode tirar — sua imaginação. É através de jogos, brincadeiras e histórias, espontaneamente criados, que as crianças procuram lidar com o mundo que proporcionamos a elas. Tentam assimilá-lo, entendê-lo e transformá-lo.

As psicoterapias com crianças são sempre ludoterapias, situações em que o terapeuta presencia seu *brincar* indispensável ou colabora para que este ocorra.

A terapia psicodramática conta com uma forma específica de brincadeira — o teatro de faz-de-conta. Na representação dramática, agindo "como se" ou "fazendo de conta que", a criança expressa o que atinge sua sensibilidade, o que lhe dá prazer ou desprazer e vontade ou medo de aprender. Revela o sentido que o mundo tem para ela, ou o revê, através de papéis imaginários que é capaz de reconhecer, imitar e interpretar.

Toda brincadeira pode ser manifestação inconsciente do modo pelo qual a criança viveu, vive ou recorda certas experiências que a perturbam. Certos jogos simbolizam "vivências internas". Mas se não conseguimos oferecer um ambiente em que a criança possa de fato jogar e brincar, de nada vale a decifração do que está sendo simbolizado.

Quando uma criança é trazida para diagnóstico ou para tratamento, isto significa que pelo menos quem a traz (seja pelo motivo que for) está interessado no que se passa com ela. Se essa pessoa é a *responsável* — se é quem lhe apresenta *respostas* diante de situações significativas de sua vida —, então esta pode, também, estar buscando uma oportunidade para desenvolver seu papel de modo mais gratificante.

Mães e pais precisam participar do processo terapêutico de seus filhos. Uma forma de participação que lhes pode ser oferecida é a *psicoterapia dos papéis de pai e de mãe,* realizada paralelamente. A partir de suas próprias experiências, filhos e pais compreendem melhor o crescimento uns dos outros, respeitando mais facilmente o sigilo e a privatividade necessários à psicoterapia e a outras situações.

A terapia psicodramática pode ser benéfica para a criança e para quem tem um papel central no ambiente que a provê. Contudo, parece-me inútil esclarecer e comentar o sentido desse processo sem dizer algo a respeito de *quem* pode ter acesso a ele.

As pessoas que convidei para compor comigo este livro estão todas comprometidas com o trabalho no Instituto de Psicodrama da SOPSP, instituição que estende a oferta de psicoterapia à população que não tem acesso a consultórios. Esse trabalho procura enfrentar a seguinte pergunta: *quem* pode fazer psicoterapia no Brasil hoje?

Em 1981, quando Carmen L. Lamas e eu sondamos as condições para implantar um núcleo de atendimento a crianças na SOPSP, a instituição, que ainda não tivera meios de proporcionar essa experiência a seus clientes, sócios e alunos, existia há mais de dez anos. Creio que esse estado de coisas, mesmo brevemente evocado, facilita a leitura da pergunta feita acima, pois, nela, *quem* não significa apenas *que clientes,* mas, também, *que psicoterapeutas.*

Antes de ser muito dispendiosa para os clientes, a psicoterapia o é para os profissionais que se especializam, através de uma formação que inclui sua própria terapia, supervisões, aulas, seminários etc., atividades estas pagas. Nessa medida, são poucos os profissionais que podem se dar ao luxo da preparação para o contato com a mente humana freqüentando sessões em que eles mesmos são os pacientes, quatro ou mais vezes por semana.

Avalio a SOPSP como um meio "suficientemente bom" para o crescimento de terapeutas e de clientes, onde a formação do profissional é suplementada pela experiência no *Instituto de Psicodrama,* o I.P. Este instituto passa por diversas dificuldades para se expandir, mas continua procurando os caminhos para isso. Seus problemas estão descritos e bem analisados no importante trabalho do psiquiatra e psicodramatista Ricardo Kfouri, denominado "SOPSP — Assistência e Ensino", do qual extraí esta síntese:

"(...) não faz parte das prioridades do Estado montar alguma estrutura de atendimento psicoterápico. Deste modo, para a imensa maioria da população resta procurar as instituições — em sua maior parte não-oficiais — que oferecem atendimento por preço compatível com a disponibilidade econômica de cada indivíduo.

Estas instituições, poucas por sinal, estão vinculadas a um processo maior, onde se incluem o ensino e a formação profissional. (...) O Instituto de Psicodrama da SOPSP enquadra-se no que acima comentei. Durante todo o segundo semestre de 1985, as inscrições de pacientes novos foram suspensas dada a proporção atingida pela lista de espera para o atendimento".

Em instituições como a SOPSP *, a formação de psicoterapeutas é relativamente acessível, até para os trabalhadores de saúde mental da rede estadual.

O Psicodrama vem sendo adotado com resultados favoráveis neste país, cujo apelido é Belíndia. Não obstante, tenho observado que os terapeutas psicodramatistas não cobram menos por seu trabalho em consultório do que terapeutas "de outras linhas". Ninguém é santo, nem salvador da Pátria.

A facilidade que atribuo ao Psicodrama, de ser uma terapia efetiva em meios onde há recursos mínimos de ordem econômica, é a flexibilidade técnica, que permite trabalhar com grupos, grandes e pequenos, e contando com um número reduzido de sessões (uma ou duas horas por semana).

É possível que a formação inicial do psicodramatista seja "menos profunda" se comparada com outras, mais lentas e dispendiosas, a que, como já disse e todos sabem, pouquíssimos têm acesso. Lembro-me de que alguém, na China, criou o modelo dos *médicos de sandália,* que tratavam dos males mais freqüentes de que padecia a população utilizando recursos adequados e sem sofisticação. No Brasil, adota-se o hábito de colocar pregos nas panelas em que se cozinha para crianças que não têm outro modo de obter aumento de ferro em seus organismos.

Os integrantes do *Núcleo de Psicodrama com Crianças* do I.P. investigam o que é possível fazer em relação ao psíquico nesta sociedade. Este livro espelha suas indagações, observações, pesquisas e experiências.

O *Núcleo* mantém este nome que (também etimologicamente) dá o significado e o sentido da ação de uma equipe. Foi iniciado por um *grupo pequeno* de terapeutas e de clientes; faz *parte* do I.P. e procura meios para lidar com questões *centrais* do dia-a-dia

---

* Por falar em instituições de um certo tipo, nenhuma menção honrosa está à altura do papel pioneiro de Madre Cristina, fundadora do Instituto Sedes Sapientae.

institucional; tem o propósito de se *expandir, formando uma organização maior*. Nesse ambiente, tem sido gratificante a convivência profissional com os co-autores convidados.

Anterior ao *Núcleo*, a primeira cumplicidade com crianças, em *unidade funcional*, é a experiência aqui lembrada, com Arthur Kaufman, supervisor de outras atividades no I.P.

Finalizando estes comentários introdutórios, quero mencionar Moreno, o criador do Psicodrama. Como todas as idéias que não estão mortas, sua teoria, que inicialmente fundamentou o conjunto de métodos e técnicas da terapia psicodramática, é freqüentemente criticada.

Parte deste livro também exerce a crítica, no sentido de continuar examinando as condições de possibilidade daquilo que se pretende com essa prática, inscrita entre a arte e a ciência, na intersecção do inexato.

Dedicamos este trabalho a quem nos permitiu a experiência da gratidão.

Camila

março de 1988.

PRIMEIRA PARTE

PSICODRAMA E PARTICIPAÇÃO SOCIAL

"(...) especialmente na esfera humana, não se pode entender o presente social, a menos que se tente mudá-lo."

(J. L. Moreno, Psicodrama.)

FAZ-DE-CONTA E PARTICIPAÇÃO SOCIAL

Maria de Lima Salum e Morais

Este estudo fundamenta-se em reflexões feitas a partir de uma pesquisa realizada em 1978 (20), em que observamos crianças de 4 a 5 anos de idade em atividade livre, numa pré-escola. As observações foram feitas em três fases distintas:

— fase I — registro de interações sociais;

— fase II — relato de comportamento de fazer-de-conta, por sujeito;

— fase III — relato de episódios de brincadeira de faz-de conta.

A partir dos dados coletados foram possíveis algumas constatações a respeito do *brinquedo imaginativo e de suas relações com a participação das crianças no grupo de companheiros.*

Dentre os resultados encontrados, verificamos que as crianças passavam aproximadamente um terço de seu tempo brincando de faz-de-conta. Alguns aspectos que chamam a atenção nesse tipo de brincadeira são a *concentração* e o *envolvimento* que certas crianças demonstram *em sua participação e a eficiência na comunicação dentro de contextos imaginários.*

Os contextos imaginários envolvem uma modificação dos significados e fatos partilhados no cotidiano, assim como dos *papéis* que os companheiros assumem durante a brincadeira. No Psicodrama com crianças constantemente nos utilizamos desses recursos, aproveitando o brinquedo espontâneo da criança e acrescentando-lhe elementos que possam ter efeitos terapêuticos.

O *jogo de papéis*, a *transformação simbólica* * dos objetos e situações, que ocorrem naturalmente na brincadeira de faz-de-conta

* Consideramos transformação simbólica o rompimento da relação rígida ou convencional entre significante e significado, com a adoção de novas relações.

e que podem ser desenvolvidos e ampliados no Psicodrama, exercem relevantes funções no desenvolvimento infantil.

Sem a pretensão de estarmos colaborando para uma ciência da psicoterapia, mas visando contribuir com elementos que possibilitem maior rigor científico à fundamentação da psicoterapia psicodramática e também apontar a importância do desempenho de papéis, tanto no Psicodrama quanto no desenvolvimento da criança, faremos algumas considerações concernentes ao "como se" com base na literatura a respeito e na análise dos dados encontrados em nossas observações.

Uma das principais questões que nos colocamos diante da brincadeira de faz-de-conta diz respeito à relação com a realidade, tal como a entendemos.

Revendo a literatura sobre o tema, verificamos em princípio quatro idéias básicas presentes nos estudos que o exploram:

1) A criança, no brinquedo, é relativamente livre das pressões ambientais ou impostas pela realidade social *.

2) A criança não distingue ou confunde formas e níveis de realidade **.

3) A criança acredita, é consciente de que, ao brincar, está lidando com uma realidade diferente daquela do cotidiano ***.

4) O brinquedo difere da realidade na medida em que há comportamentos que são inibidos numa situação real, mas permitidos se encarados como brinquedo (3).

Antes de avançarmos na relação entre brinquedo e realidade, é necessário definirmos o que entendemos por realidade.

---

* Encontramos esta idéia em: Klinger (15), que define o brincar como comportamento não-consumatório, não-instrumental, que não compete com um padrão de excelência, não-instituído, em coibido pelos requisitos da interação social; Millar (19), que afirma que ao brincar a criança é relativamente livre das pressões sociais; e Erikson (8), para quem o brinquedo desafia certos dados de realidade: a gravidade, através da acrobacia; o tempo, o destino e a casualidade, nos jogos de azar; a realidade social, na representação dramática.

** Lewin (16) considera que a realidade e a ficção são para a criança mais fluidas, menos distintas do que para o adulto. O meio psicológico da criança não é caracterizado pelo autor nem como real nem como irreal: os dois estratos são indiferenciados.

*** Esta é a posição da maior parte dos autores atuais, ao menos para crianças a partir de 3 ou 4 anos de idade. Ver Winnicott (34), Moreno (22), e Martlew, Connolly e McCleod (17).

Piaget (25) diz que por volta dos 4 a 5 anos a criança, no brinquedo simbólico, quando desempenha papéis, torna suas representações realísticas ou adequadas à realidade. Por outro lado, Sutton-Smith (31) afirma que nessa idade o brincar atinge um pico de imaginativa (*imaginativeness*) ou irrealidade.

Ao constatar-se que a criança, ao mesmo tempo em que atinge maior realidade, através de imitações mais perfeitas, cada vez mais se distancia de sua realidade, está implícito que se podem distinguir ao menos dois níveis de realidade: a realidade individual ou subjetiva, a nível de vivências internas, se contrapõe à realidade objetiva, partilhada.

Não estamos supondo que os níveis de realidade tenham limites claramente definidos, nem que os indivíduos passem a atuar de um nível a outro, mudando conscientemente seu enfoque. Na verdade, as pessoas transitam em sua experiência de vida diária, constantemente, de um nível de realidade a outro.

Acreditamos que a criança, ao brincar de faz-de-conta, está atuando num mundo fictício, que se compõe de elementos da realidade subjetiva (enquanto a criança expressa suas vivências, sentimentos) e da realidade objetiva (enquanto ela usa elementos desta realidade e os transmuta). Podemos, então, falar de outra dimensão do contínuo realidade-irrealidade: a ficção — que é a projeção da realidade subjetiva sobre a objetiva, é a recomposição desta última através de elementos originados da primeira.

Para Winnicott (34) o brinquedo, como a ilusão, se processa numa zona intermediária entre a realidade psíquica interna e a realidade exterior. No brinquedo, a criança usa os objetos ou fenômenos da realidade partilhada a serviço da realidade interna, pessoal. Na ficção, ao alterar a realidade objetiva, dá vazão à maneira subjetiva como interpreta o real partilhado ou à configuração que gostaria que a realidade assumisse. Ao mesmo tempo, interpreta e experiencia, através da representação de papéis, a realidade do outro, de forma a compreendê-la ou elaborá-la à sua maneira.

Moreno (21), observando e trabalhando psicodramaticamente com Jonathan, afirma que este, desempenhando o papel de um cão ou de um gato, procurava entender esses animais, conversar com eles, incorporá-los, chegando o mais perto possível da coisa "cão" e transformando-se nessa coisa.

Ao mesmo tempo que no brinquedo imaginativo experimenta uma realidade que não é a sua corriqueiramente, a criança de 4 a 5 anos parece distinguir muito bem a ficção da realidade objetiva *.

---

* Ver p. 12, item 3.

Johnson, Raye, Hasher e Chromiak (13) constatam que crianças de 8 anos discriminam representações de eventos perceptuais passados, ou, em nossos termos, percepções da realidade objetiva de imaginações passadas, ou imagens geradas externamente das geradas internamente, tão bem ou melhor do que adultos.

Outro aspecto a ser abordado com relação à dimensão realidade-fantasia é a importância do brinquedo de faz-de-conta e do exercício da simbolização para o próprio conhecimento da realidade.

Moreno (21) aponta que o brincar pode ser para a criança um treino para a vida e um meio de prepará-la para no futuro enfrentar situações esperadas ou inesperadas.

A função do brinquedo imaginativo com respeito à libertação do controle exercido por estímulos externos, ao distanciamento do meio social imediato e à percepção da realidade do outro é salientado por vários autores além de Moreno.

Saltz, Dixon e Johnson (27) referem-se aos efeitos do brinquedo imaginativo, que permite à criança libertar-se do controle de estímulos concretos imediatos do meio. Apóiam-se em Vygotsky (32), para quem a simulação do objeto é o primeiro passo para separar o significado do objeto concreto. Para esse autor, quando a criança transforma um objeto em outro, o significado passa a preponderar sobre o objeto. Com o significado finalmente separado da coisa, desenvolve-se o discurso interno, a memória lógica, o pensamento abstrato. El'Konin (7) afirma, no mesmo sentido, que, ao transferir uma atividade de um objeto a outro, a criança destrói, através da simbolização, a natureza fixa da atividade do objeto, destacando o significante do significado.

Singer (29) afirma que ultrapassar a realidade faz parte da capacidade humana de tomar uma atitude em relação ao possível e livrar-se da ligação com a percepção sensorial direta. Mais tarde (30), sugere que a habilidade de lidar com a irrealidade ajuda o indivíduo a conscientizar-se da realidade e das possibilidades humanas.

Para Matthews (18), a criança, ao passar da realidade à fantasia, envolvendo-se num episódio de faz-de-conta, separa ou distancia-se do meio fenomenal imediato e, assim, expande seu campo de atuação e percepção, tanto em espaço quanto em tempo. Nesse sentido, Moreno afirma que "o jogo de papéis pode ser utilizado como método para pesquisar mundos desconhecidos ou para a expansão do eu" (21, p. 220).

Os benefícios apontados pelos autores citados acima são externos ao brinquedo, mas a distinção entre o brincar e a realidade é essencial, também dentro do grupo de brinquedo, para que a criança possa compreender o comportamento dos parceiros da brincadeira.

Faz parte das regras do jogo compreender quando há ou não simulação, e uma violação das regras pode acarretar o término do brinquedo.

Estabelece-se ainda um outro nível de relação entre fazer-de-conta e realidade: a relação social do grupo maior a que os indivíduos pertencem. A criança incorpora as expectativas, valores, opiniões, papéis e relações presentes na macro-sociedade, que constituem a realidade social mais ampla.

Em nosso estudo (20) constatamos a rejeição de papéis de menor *status* e, em grande escala, a representação de papéis de adultos e de heróis de ficção na brincadeira de faz-de-conta das crianças observadas (ver Tabela 2, p. 27). Moreno (21) salienta que a tomada de papéis de indivíduos mais velhos fortalece a sensibilidade da criança para uma vida interior mais rica que a sua, o que a torna mais hábil nos relacionamentos interpessoais.

Os companheiros de brinquedo muitas vezes "corrigem-se" uns aos outros quando percebem a inadequação em alguma representação de papel. Por exemplo, a criança, no papel de pintor, deve assumir certas características que não assume no de Tarzan. Assim, enquanto a criança se distancia de seu papel social "real", adota as características do papel que representa. Por outro lado, o parceiro de brinquedo é levado a manifestar suas reações, expectativas em relação ao papel que o outro representa.

Outro aspecto importante da realidade social é o campo das relações sociais diretas com os companheiros de brinquedo. Esta realidade a criança experimenta diretamente: a influência dos membros de maior *status* (os líderes), ou a subordinação dos membros de menor *status*; a reação dos outros a seu comportamento; a resistência a aderirem às suas idéias; a aceitação (ou rejeição) que possui no grupo de companheiros; as "pistas" da conduta dos outros e a maneira mais eficaz de reagir a elas. À realidade social imediata a criança não pode fugir, a não ser pelo afastamento do grupo.

A criança, na brincadeira coletiva, é também restrita e controlada pelos valores do grupo de brinquedo que são incorporados da realidade social mais ampla: ser forte, influente, assertivo.

Por outro lado, a realidade subjetiva, constituída pela vivência de emoções, imagens e outras experiências internas, é também determinada e o indivíduo nem sempre é ativo na experimentação de impressões, imagens e sentimentos. Isto é, nem sempre a evocação de imagens no brinquedo é intencional; ela pode ser determinada inconscientemente *. E, nessa perspectiva, pode-se considerar o brin-

---

* **Podemos ver esta opinião em Horowitz (12) e Neisser (23).**

quedo como forma de expressão emocional: além das emoções que o indivíduo vivencia no papel que representa, além das emoções decorrentes da situação presente, a criança experiencia, no brinquedo, os sentimentos e emoções que acompanharam situações passadas. É essa uma das características do ser humano que possibilita a *terapia psicodramática*. O indivíduo pode reviver, num campo relaxado, livre de tensões e ameaças, experiências anteriores carregadas de emoções que permeiam suas reações atuais e passar a vê-las sob um novo prisma que favorece a *rematrização* *.

Como já afirmamos, em outro sentido a criança releva no brinquedo simbólico suas relações com a realidade. Ela demonstra estar consciente de agir no plano da ficção.

Há, para a própria criança, ao menos dois planos de realidade: o plano hipotético do "como se" e o plano factual do que *é*. No entanto, para o homem, poucas parcelas da realidade são indiscutivelmente o que aparentam ser e, em grande parte, reagimos hipoteticamente aos outros e às relações entre objetos no mundo físico. Talvez falte à criança de 4 a 5 anos de idade essa noção de que nem sempre reagimos ao que *é*, mas, muitas vezes, ao que *supomos* ser (2).

É provável que, para ela, as coisas que incorpora através da aprendizagem *são* o que aparentam e não poderiam ser de outra forma no plano real. Isto é, a criança provavelmente não compreende ainda as várias possibilidades e a relatividade da realidade. E, por isso, para ela, são tão distintos os campos da ficção e da realidade, que, após uma análise mais cuidadosa, revelam-se tão interligados.

Concluindo, a brincadeira de faz-de-conta pode ser, então, encarada como um compromisso entre a liberdade e restrição, como apontam Vygotsky (32) e Erikson (9). O plano da simulação é hipotético e o indivíduo que nela atua reage como deveria reagir se determinadas condições fossem verdadeiras e, portanto, é restringido por essas condições.

Passamos, a seguir, a examinar mais detalhadamente as funções que pode exercer o faz-de-conta, o "como se" no desenvolvimento infantil.

A eficiência nas relações sociais ** é um dos meios de o indivíduo atingir e manter seu ajustamento sócio-emocional. E para a

---

* *Rematrização*: "revivências corretivas sobre a primeira matriz, a original" (Fonseca, 1980).

** Consideramos que as interações sociais eficientes envolvem as habilidades pessoais de: considerar simultaneamente o próprio ponto de vista e o do outro; sustentar um padrão fácil e suave de interação; acomodar-se rapidamente ao ritmo e estado emocional do outro; ser eficiente no controle de interação; manter relações amigáveis, de cooperação e persuasão (Argyle, 1).

eficiência nas relações sociais é essencial que os parceiros em interação considerem simultaneamente seu ponto de vista e o do outro, isto é, que sejam capazes de colocar-se um no lugar do outro. Moreno (21) afirma que a compreensão de pessoas em seu sentir, pensar, observar e atuar aumenta com a percepção recíproca de papéis. Nessa medida, supomos que o *brinquedo sociodramático* é, basicamente, um treino na representação de papéis, que facilita a percepção do outro. Sendo assim, uma criança entenderá a outra e conseguirá reagir adequadamente a esta se colocar-se no seu papel, considerando suas opiniões e sentimentos.

Em nosso estudo (20), encontramos correlação positiva entre os índices de participação social em geral (intensidade de interações e penetração no grupo) e participação em brinquedo imaginativo. Essas correlações, observadas na Tabela 1, indicam que as crianças mais eficientes na interação social brincam mais de faz-de-conta, sendo, portanto, sustentável que o treino na representação de papéis é importante para a eficiência comunicativa da criança. Esse dado corrobora a hipótese de Moreno de que "uma correlação positiva deveria ser encontrada entre o *status* sociométrico de um grupo íntimo e o volume das inversões de papel nele existente. O *status* sociométrico de um indivíduo é proporcional à sua utilização na inversão de papéis com indivíduos de seu grupo. O *status* sociométrico de um indivíduo pode ser definido através do índex quantitativo das escolhas, das rejeições, da indiferença etc., que se verificam na investigação do grupo em questão" (21, p. 234).

TABELA 1

Correlação entre participação em brinquedo imaginativo e medidas de interação social

Itens correlacionados	Coeficiente de Spearman
Participação em brinquedo imaginativo por minuto × intensidade de interação *.	0,619 ($p < 0,01$)
Participação em brinquedo imaginativo por minuto × penetração no grupo **.	0,612 ($p < 0,01$)

* Intensidade de interação = número médio de interações recebidas + número médio de contatos ativos (contato verbal, gestual ou vocal e contato físico) emitidos por minuto.

** Penetração no grupo = *número de crianças com que cada um interagiu* / número de crianças com que cada um teve oportunidade de interagir.

Verificamos também pelo Quadro 1 que os líderes do grupo de brinquedo mantiveram níveis altos de intensidade de interação e participação ativa em brinquedo imaginativo. Pode-se supor que o líder tenha maior habilidade para perceber o ponto de vista do outro (11), o que o levaria a ocupar uma posição de maior *status*, pois é capaz de, percebendo as necessidades e intenções dos companheiros, reforçá-las e complementá-las.

QUADRO 1

Representação da posição dos sujeitos em relação à mediana nas medidas de penetração e intensidade de interação (a), e de participação total por minuto e participação ativa em brinquedo imaginativo (b).

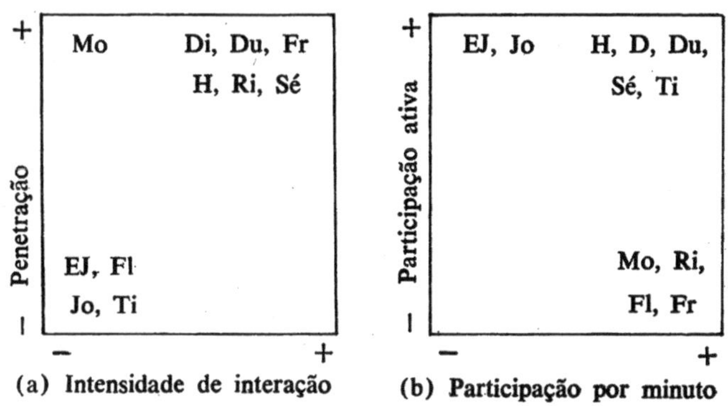

Observação: Hierarquizamos, através de relatos de episódios de brinquedo de faz-de-conta, o grupo de meninos, de acordo com as funções mais freqüentemente assumidas durante as brincadeiras, da seguinte forma:
Líderes: Sé, Du e H.
Colaboradores: Ti, Fr e Ro.
Subordinados: Ri, EJ, Fl, Mo e Jo (quando lhe era permitido participar — membro isolado).

A representação de papéis no brinquedo coletivo pode, ainda, ajudar a criança a perceber a complementaridade dos papéis sociais que representa simbolicamente. Por exemplo, ao brincar de família são distribuídos entre os participantes do grupo os papéis de pai, mãe, filhos e outros, como empregada, avó etc.

O brinquedo sociodramático possibilita, também, o treino na representação de papéis adultos numa situação segura, em que erros de desempenho não são punidos, como o seriam na vida real (26).

Essa é, da mesma forma, uma das prerrogativas do Psicodrama. No *contexto psicodramático*, o indivíduo pode reviver situações por que passou ou testar novas maneiras de reagir e de se comportar em ocasiões diversas, fora do clima de tensão que a vida real apresenta.

Sarbin e Allen (28) salientam que quanto mais papéis existem no repertório do indivíduo, melhor preparado este se encontra para se defrontar com as exigências da vida social. Apontam, também, a importância de brincar de papéis na infância para a habilidade de assumir papéis: "Uma pessoa, com treino em mudar de perspectiva e em comportar-se de várias maneiras, tem maior habilidade motora e cognitiva de assumir papéis do que uma pessoa cuja história de desenvolvimento é pobre a este respeito". Da mesma forma, para Moreno, quanto mais papéis um indivíduo desempenha, melhor será sua capacidade de interação social e, em decorrência, maior sua saúde mental. Bustos também afirma que "quanto menos papéis em jogo uma pessoa tiver, mais dependente e inseguro será o seu comportamento" (5, p. 20).

Verificamos pela Tabela 2 que os temas desenvolvidos pelos sujeitos de nosso estudo foram bastante variados, e constatamos que as crianças tendiam a imitar com exatidão os modelos reais ou fictícios que representavam, sendo punidas pelos próprios companheiros as quebras no desempenho do padrão de comportamentos esperados para o modelo imitado. Observamos, ainda, a adoção de características, de qualidades do modelo imitado: ser bravo, forte, corajoso. A essas características os parceiros de brinquedo deveriam reagir correspondentemente.

A complementaridade de papéis também se revelou nas relações imediatas do grupo de brinquedo. Os subordinados, os colaboradores e o líder pareciam compreender e ter, uns em relação aos outros, certas expectativas de papel: pediam e esperavam dos líderes as ordens, atribuições e as regras; e dos subordinados, que as cumprissem.

A *brincadeira sociodramática* é importante ainda em outro sentido: os companheiros de brinquedo com maior conhecimento de papéis podem ensinar ou estimular em outras crianças o desempenho de papéis que estas conhecem parcialmente ou desconhecem. Em nossas observações, constatamos que alguns sujeitos ensinavam a outros a maneira "correta" de proceder nos mais variados papéis, ou os "corrigiam", em casos em que seu desempenho fosse considerado inadequado.

Exemplos:

— Uma criança diz: "O sapo não faz assim (diante de outra no papel de sapo, que está correndo como homem), o sapo pula" (e demonstra o pulo do sapo).

— Uma criança (no papel de domador de leões) diz à outra: "O leão faz assim" (e imita um leão em pé sobre as patas traseiras).

— Numa brincadeira de animais pré-históricos, uma criança se atribui o papel de leão, diante do que outra argumenta: "Não pode ser leão, só brontossauro ou dinossauro".

Na simulação de jogos ou lutas, como futebol, esgrima, algumas crianças ensinam a outras o papel de juiz, de reserva, ou a maneira de segurar a espada.

Se a representação de papéis facilita a descentração do indivíduo no campo das relações sociais, favorecendo a percepção do outro, tem-se demonstrado que a brincadeira de faz-de-conta favorece também a adoção da perspectiva do outro em várias situações (4) e o desenvolvimento do pensamento divergente (6). Nesse sentido, devemos considerar a alteração simbólica de objetos que se processa no brinquedo imaginativo.

A transformação simbólica do material permite não só novas maneiras — pouco convencionais — de a criança encarar e usar os objetos do ambiente — condição para a produção divergente —, mas, também, o desligamento do significado da coisa. Nessa perspectiva, Vygotsky (32) e El'Konin (7) apontam o rompimento da ligação rígida entre a palavra e a coisa como importante precursor do pensamento abstrato, do domínio do mundo dos significados.

Em nosso estudo medimos um atributo, a que chamamos *nível de transformação simbólica*, segundo o número de atribuições feitas pelas crianças com base nos mesmos elementos, num determinado episódio de brincadeira. Por exemplo, uma transformação simples, de nível 1, é tratar uma roda como se fosse volante de carro; uma transformação de nível 8 é atribuir, num mesmo episódio e a um só indivíduo, os papéis de pai e motorista e as ações de dirigir, pôr gasolina, buzinar, pegar o filho na escola, chegar em casa e carregar compras para a cozinha. Nos episódios observados verificamos que transformações de nível 1 foram as mais freqüentes e que quanto maior o nível de transformação menor foi sua ocorrência.

A complexidade das transformações simbólicas, medida através dos níveis de transformação, coloca importantes questões a respeito, tanto da elaboração criativa e espontaneidade, no sentido moreniano, quanto do distanciamento da criança de sua realidade perceptual imediata.

Do ponto de vista da penetração numa realidade diferente da fenomenal imediata, os níveis altos de transformação podem indicar uma habilidade da criança em distanciar-se das características próprias de seu papel habitual e dos elementos do ambiente, e uma

TABELA 2

Freqüência absoluta de ocorrência de temas, segundo sua natureza e sexo dos sujeitos*

	Temas	Meninos	Meninas	Total
	Superman	6	0	6
	Batman e Robin	7	1	8
Super-heróis	Outros	7	1	8
	Superamigos (em conjunto)	14	0	14
Comida, bebida e atividades relacionadas		8	10	18
Esportes (jogos sem bola)		6	0	6
Atividades de família, casa		6	4	10
Tesouro		4	0	4
Edificações		11	10	21
Hospital, médico		7	1	8
Monstro		3	2	5
Röbô		9	0	9
Bomba, explosão, raio *laser*		5	1	6
Veneno		2	1	3
Professora		0	1	1
Outros heróis (Tarzan, Mandrake etc.)		8	0	8
Animais		20	6	26
Festa, palhaço		1	1	2
Mudança de condição		2	2	4
Ficar louco		0	1	1
Atividades na natureza (pesca, *camping*)		4	0	4
Títulos de filmes, programas de TV		2	1	3
Índio		1	0	1
Luta		16	1	17
Polícia e ladrão		14	0	14
Guerra		8	1	9
Objetos voadores		10	0	10
Transporte terrestre		10	1	11
Total		191	46	237

* Estes dados foram retirados do registro de episódios de brinquedo imaginativo.

capacidade de penetrar na realidade do outro que representa e de agir no plano hipotético do "como se" em relação a estímulos ambientais.

Do ângulo da produção divergente, níveis altos de transformação podem indicar uma habilidade em perceber diferentes atributos e aplicações de um mesmo elemento. Pode-se ainda estabelecer uma relação desta habilidade com o fator *e* de Moreno, que observa relação positiva entre *scores* sociométricos, *scores* em representação de papéis e *score e* (22).

Essas constatações podem reafirmar o *valor cognitivo das transformações simbólicas* para a expansão do modo individual de interpretar a realidade, pois as alterações simbólicas fazem preponderar a interpretação individual sobre as características físicas dos objetos. Assim, como diz Matthews (18), o brinquedo imaginativo deve ser encarado como um processo, um modo de ação psicológica, uma operação de transformação experiencial, mais do que um produto direito da estimulação externa imediata.

Outro aspecto, que diz respeito principalmente à inadequação na sucessão temporal dos fatos representados no brinquedo simbólico da criança pequena, relaciona-se com a dificuldade desta em abstrair a sucessão e relação temporal dos atos que observa. É possível, então, identificar-se outro papel do *brinquedo sociodramático*: o treinamento na apercepção de relações causais e da ligação entre as ações que se sucedem temporalmente. Assim, a brincadeira de faz-de-conta, além de ser uma manipulação simbólica de objetos e papéis, pode ser também a realização simulada das relações entre pessoas, ações e eventos e a representação da sucessão temporal desses fenômenos. Através do brinquedo imaginativo a criança estaria também tentando integrar à sua experiência o significado das relações causais mais abstratas.

Por fim, não se pode esquecer o significado afetivo-emocional do brinquedo, seja considerando-o como forma de realização de desejos não realizáveis na vida real *, seja como modo de reviver de maneira ativa experiências que a criança sofreu passivamente (24), ou em sua função retaliativa e compensatória (25), ou, ainda, como expressão de conflitos da criança (14).

De todas essas maneiras a criança se expressa no brinquedo e de tal forma que este representa importante papel na compreensão, e até na solução, de conflitos e como elemento simbólico na elaboração e superação de frustrações que a vida real impõe.

No Psicodrama com crianças lida-se constantemente com o significado afetivo do brinquedo. Pode-se dizer que o terapeuta facilita o processo espontâneo do brincar e às vezes nele interfere, com

* Esta é a posição de Vygotsky, que afirma que "a criança em idade pré-escolar envolve-se num mundo ilusório e imaginário, onde os desejos não realizáveis podem ser realizados, e esse mundo é o que chamamos de brinquedo" (13, p. 106), já enunciado por Freud (10) no começo do século, que explica o brinquedo como forma de realização de desejos, principalmente o de ser grande; por isso, a criança assume no brinquedo o papel de adultos que admira.

o intuito de ajudar a criança a reviver e reagir de novas formas diante de experiências dolorosas ou conflitivas por que passou na vida real. Poder-se-ia até supor que a criança que consegue elaborar bem seus conflitos brincando espontaneamente tem uma maior saúde mental do que aquela que apresenta dificuldades em se expressar através do brinquedo.

Concluímos com algumas hipóteses a respeito dos motivos que levam a criança a brincar e que a mantêm na brincadeira.

Se a criança é constantemente restrita e controlada pelos adultos em sua conduta de vida diária, pode ser através do brinquedo e do grupo de companheiros que ela se sinta eficaz e adquira um senso de domínio sobre o mundo. Constatamos que a criança se mantém por longos períodos em situação de simulação, acrescentando novas transformações simbólicas quando a situação de brinquedo aproxima-se de um desenlace. Assim, os indivíduos são feridos ou mortos e depois reabilitados. Se uma criança, saindo de uma nave espacial, corre o risco de perder-se no espaço, ela é recuperada, ou o tema do brinquedo é mudado.

Outro motivo possível para o brincar é o de que, por estar a criança num estado de pouca ativação, ou de monotonia, por falta de estimulação externa suficientemente incentivadora, ela se volta para suas experiências internas, procurando nelas o que o mundo externo perdeu em poder de estimulação. Através do reviver de experiências passadas, agradável ou penosamente perturbadoras, a criança conseguiria manter-se num nível ótimo de ativação. Quando a brincadeira perde suas características estimuladoras, ela recorre a novos elementos para tornar sua atividade novamente interessante.

Por outro lado, a criança que brinca pode manter-se interessada na brincadeira para procurar conhecer melhor, testar e explorar suas potencialidades, habilidades, imagens, sentimentos e emoções. A experimentação de novos papéis pode interessar à criança em seus aspectos novos e desconhecidos. Assim, ela manter-se-ia em situação de brinquedo enquanto esta lhe despertasse imagens e emoções que ainda não domina, cuja reativação e repetição podem dar-lhe um sentido de competência.

A criança tenderia a fugir das experiências externas excessivamente carregadas de ansiedade * e a manipular as experiências moderadamente perturbadoras, mas suficientemente desconhecidas para que sua repetição no brinquedo pudesse interessar-lhe.

A referência das crianças a estados internos como estar bravo, raivoso, e a proposição de situações como guerras e lutas podem

* Encontramos esta opinião em Erikson (8) e Winnicott (34).

levar-nos a supor que a criança procura, nessas situações, conhecer suas emoções "negativas". Por outro lado, a aliança entre membros de um partido (como Super-Heróis ou policiais), a expressão de afeto entre os companheiros e de amor filial e paterno (nas dramatizações com temas familiares), pode ser uma forma de explorar e conhecer melhor sentimentos positivos, ou de aproximação. Da mesma forma, motivada pelo melhor conhecimento a respeito de si própria, a criança procura também explorar as imagens e experiências "armazenadas" na memória.

É viável supor-se que a situação segura do brinquedo — em que os erros são punidos apenas suavemente pelos membros do grupo — pode reduzir o medo e a ansiedade que certas situações produziriam na vida real. E, nesse sentido, a criança procuraria explorar suas reações e experiências para reduzir a carga de ansiedade que algumas situações lhe trazem, numa posição mais segura e menos amedrontadora que a da vida real. Essa é a posição do "como se" que ocorre espontaneamente no brinquedo e que se propicia no cenário psicodramático.

REFERÊNCIAS BIBLIOGRÁFICAS

1. Argyle, M. (1969), *A Interação Social*, Zahar, Rio de Janeiro, 1976.
2. Berger, P. L. e Luckmann, T. (1966), *A Construção Social da Realidade*, Vozes, Petrópolis, 1974.
3. Berlyne, D. E., "Laughter, Humor, and Play", *in* G. Lindsey e E. Aronson (eds.), *The Handbook of Social Psychology*, vol. 3, Addison-Wesley, Reading, Massachussets, 1969.
4. Burns, S. M. e Brainerd, C. J., "Effects of Constructive and Dramatic Play on Perspective Taking in Very Children", *Developmental Psychology*, vol. 15, 1979, pp. 513-521.
5. Bustos, D. M., *O Teste Sociométrico*, Brasiliense, São Paulo, 1979.
6. Dansky, J. L., "Cognitive Consequences of Sociodramatic Play and Exploration Training for Economically Disadvantaged Preschoolers, *Journal of Child Psychiatry*, vol. 20, 1980, pp. 47-58.
7. El'Konin, D. (1966), "Symbolics and its Functions in the Play of Children, *in* R. E. Heron e B. Sutton-Smith (eds.), *Child's Play*, John Wiley & Sons, Nova York, 1971.
8. Erikson, E. H. (1963), *Infância e Sociedade*, Zahar, Rio de Janeiro, 1976.
9. Erikson, E. H. (1972), "Play and Actuality", *in* J. S. Bruner, A. Jolly e K. Sylva (eds.), *Play*, Penguin Books, Middlesex, Inglaterra, 1976.
10. Freud, S. (1901), *La Interpretación de los Sueños*, Obras Completas, vol. I, Editorial Biblioteca Nueva, Madri, 1968.
11. Homans, G. C., *Social Behavior, its Elementary Forms*, Harcourt, Brace Jovanovich, Nova York, 1974.

12. Horowitz, M. J., "Image Formation: Clinical Observations and a Cognitive Model, *in* P. W. Sheehan (ed.), *The Function and Nature of Imagery*, Academic Press, Nova York, 1972.
13. Johnson, M. K., Raye, C. L., Hasher, L. e Chromiak, W., "Are There Developmental Difference in Reality Monitoring?", *Journal of Experimental Child Psychology*, vol. 27, 1979, pp. 120-128.
14. Klein, M. (1932), *Psicanálise da Criança*, Mestre Jou, São Paulo, 1969.
15. Klinger, E., *Structure and Functions of Fantasy*, John Wiley & Sons, Nova York, 1971.
16. Lewin, K., *A Dynamic Theory of Personality*, McGraw-Hill, Nova York, 1935.
17. Marthew, M., Connoly, K. e McCleod, C., "Language Use, Role and Contex in a Five-Year-Old", *Journal of Child Language*, vol. 5, 1978, pp. 81-99.
18. Matthews, W. S., "Modes of Transformation in the Initiation of Fantasy Play, *Developmental Psychology*, vol. 13, 1977, pp. 212-216.
19. Millar, S., *The Psychology of Play*, Penguin Books, Middlesex, Inglaterra, 1969.
20. Morais, M. L. S., "O Faz-de-Conta e a Realidade Social da Criança", dissertação de mestrado, Instituto de Psicologia da Universidade de São Paulo, São Paulo, 1980.
21. Moreno, J. L., *Psicoterapia de Grupo e Psicodrama*, Mestre Jou, São Paulo, 1959.
22. Moreno, J. L. (1957), *Psicodrama*, Cultrix, São Paulo, 1987.
23. Neisser, U., *Cognition and Reality*, Freeman, San Francisco, 1976.
24. Peller, L. E. (1952), "Models of Children's Play", *in* R. E. Heron e B. Sutton-Smith (eds.), *Child's Play*, John Wiley & Sons, Nova York, 1971.
25. Piaget, J. (1945), *A Formação do Símbolo na Criança*, Zahar, Rio de Janeiro, 1975.
26. Reynolds, P. C. (1972), "Play, Language and Human Evolution", *in* J. S. Bruner, A. Jolly e K. Sylva (eds.), *Play*, Penguin Books, Middlesex, Inglaterra, 1976.
27. Saltz, E., Dixon, D. e Johnson, J., "Training Disadvantaged Preschoolers on Various Fantasy Activies", *Child Development*, vol. 48, 1977, pp. 367-380.
28. Sarbin, T. S. e Allen, V. L., "Role Theory", *in* G. Lindsey e E. Aronson (eds.), *The Handbook of Social Psychology*, vol. 1, Addison-Wesley, Reading, Massachussets, 1968.
29. Singer, J. L., "Imagination and Waiting Ability in Young Children", *Journal of Personality*, vol. 29, 1961, pp. 396-413.
30. Singer, J. L., *The Child's World of Make-Believe*, Academic Press, Nova York, 1973.
31. Sutton-Smith, B., "Piaget on Play: a Critique", *Psychological Review*, vol. 73, 1966, pp. 104-110.
32. Vygotsky, L. S. (1966), "Play and its Role in the Mental Development of the Child", *in* J. S. Bruner, A. Jolly e K. Sylva (eds.), *Play*, Penguin Books, Middlesex, Inglaterra, 1976.
33. Vygotsky, L. S., *A Formação Social da Mente*, Livraria Martins Fontes, São Paulo, 1984.
34. Winnicott, D. W., *Realidad y Juego*, Granica, Buenos Aires, 1972.

PSICODRAMA COM CRIANÇAS E PAIS NUMA INSTITUIÇÃO

A IMPLANTAÇÃO DO ATENDIMENTO A CRIANÇAS *

Camila Salles Gonçalves
Carmen Lenci Lamas

RESUMO

As autoras descrevem o início da organização, numa instituição — a Sociedade de Psicodrama de São Paulo —, de um atendimento a crianças, e apresentam o relato comentado das duas primeiras sessões. Em relação a essa situação específica são exemplificados problemas da formação e manutenção de grupos e abordados aspectos técnicos da prática psicodramática.

Visando implantar e, posteriormente, supervisionar a terapia de crianças no Instituto da SOPSP, optamos por iniciar, nós mesmas, o atendimento, julgando que assim poderíamos melhor compreender a experiência a ser vivida pelos alunos, na situação específica da instituição (com uma população de nível sócio-econômico provavelmente diferente daquela que procura os consultórios particulares). Norteava nosso projeto o objetivo de propiciar, tanto a alunos quanto a psicodramatistas formados, a oportunidade de observar (*participando*) o funcionamento de grupos já montados e, em outra fase, de assumir a direção de um destes ou de organizar novos grupos.

O horário estabelecido para o atendimento, incluindo entrevistas e sessões, foi de três horas semanais. As entrevistas eram marcadas pela secretária do Instituto e realizadas com as mães e/ou pais, por uma de nós, na presença da criança, visando a máxima participação desta.

Não procuramos grande divulgação na comunidade pelo fato de não podermos contar, desde o início, com uma estrutura suficiente para uma ampla demanda. Um representante do Instituto entrara em contato com apenas duas instituições, que passaram a

*** Trabalho "Psicodrama com Crianças Numa Instituição", apresentado no III Congresso de Psicodrama, Balneário de Caiobá, Paraná, 1982.**

fazer encaminhamentos. A demanda inicial possibilitou a seleção de dois grupos e foram, então, provisoriamente suspensas as entrevistas.

A princípio pensamos formar grupos, tanto quanto possível, homogêneos: um de crianças menores (7 a 9 anos) ou com um grau menor de maturidade afetiva e cultural e um de crianças de 9 a 11 anos.

Dispondo de dois grupos de faixas etárias consecutivas, poderíamos remanejá-los, no caso de isso se revelar necessário e aceito, no decorrer das sessões. No entanto, defrontamo-nos com a dificuldade do público para manter a freqüência. Antes mesmo do início da terapia foi grande o número de desistências, viabilizando-se a constituição de um grupo apenas.

Encaminhados	24
Entrevistados	19
Não pudemos atender *	3
Iniciaram a terapia	10
Fizeram só uma sessão	4
Fizeram mais de uma sessão e interromperam	3 **
Atualmente em terapia	3

Mesmo com as desistências verificadas, foi mantida a interrupção de encaminhamentos devido a problemas decorrentes de mudanças dentro da instituição. Na prática, restou-nos a opção de iniciar o trabalho com as poucas crianças que compareceram, cuja freqüência foi flutuante.

I — UNIDADE FUNCIONAL

Acreditando na necessidade de mais de um terapeuta e visando assegurar a função diretiva de cada sessão, nossa opção é pelo sistema de "psicoterapia grupal com dois terapeutas" ou "coterapia";

* A necessidade que também apresentavam de assistência psicopedagógica, no caso prioritária, exigiria que freqüentassem duas instituições, o que não tinham condições de fazer.

** Motivos apresentados:
mudança de cidade — 1
mudança de casa, para bairro mais distante — 1
mudança no horário de trabalho da mãe — 1

tal como é proposto por Abadi e Pavlovsky (1). Concordamos com Widlöcher quando afirma que, para um grupo de crianças, "um só terapeuta não basta; o grupo deve comportar ao menos dois terapeutas"; e que "um dos terapeutas deve assegurar a função diretiva da sessão" (10). No entanto, discordamos de sua divisão entre "terapeuta principal" e "terapeuta auxiliar". Do nosso ponto de vista, qualquer dos participantes pode ser o diretor ou o ego auxiliar do grupo *. Tomamos "assegurar a função diretiva" da sessão, tanto no sentido de dirigir quanto de facilitar o surgimento do papel de diretor na criança.

II — MATERIAL E AMBIENTE

Julgamos que os brinquedos servem, conforme descreve Carlos Alegre, como "instrumento de aquecimento da criança" (2), ou como "parte da dramatização com personagens reais" ou, ainda, como "objeto intermediário", segundo Bermúdez (3). Contudo, o fato de não contarmos com material lúdico algum pareceu-nos constituir um elemento favorecedor da criatividade e do clima de dramatização atingido nas sessões.

A terapia vem sendo realizada em uma sala grande, cujo mobiliário consiste em um tablado, vários bancos, almofadas e um quadro-negro.

Primeira Sessão

Participantes: José Maria (9 anos), Ricardo (11 anos) e
Simone (9 anos)

Após as apresentações, iniciamos o esclarecimento sobre como iríamos trabalhar. Mostramos o tablado dizendo que ali representaríamos "como em um teatro" sempre que quiséssemos, e que, uma vez iniciada a nossa representação, nosso teatrinho ou nosso *psicodrama* *, poderíamos dar continuidade, utilizando todo o espaço da sala. Esclarecemos que seria possível representar ou *dramatizar* aquilo que desejassem, "fazer de conta" o que quisessem.

---

* Sem os estratagemas do uso do tablado para o início é, às vezes, impossível, em certos grupos de crianças — por exemplo, aqueles que já entram "aquecidos" —, marcar o início da dramatização. Além disso, esse recurso tem a função pedagógica de apontar para a "brecha entre fantasia e realidade" — que é, segundo Moreno, "a divisão do universo em fenômenos reais e fictícios", da qual surgem gradualmente um mundo social e um mundo da fantasia (8). Julgamos que tem a mesma função a introdução lenta e cuidadosa da terminologia correta: "psicodrama", "dramatizar", "papel".

Ricardo e Simone mostravam-se, por assim dizer, mais desembaraçadamente atentos, e José Maria, apesar de também nos ter dado a impressão de estar compreendendo, tinha um ar muito tímido, "sem jeito". Continuamos nossa explicação, acrescentando que poderiam primeiro criar um personagem ou um *papel*, e, depois, aos poucos, começar uma história. Lembramos também que a história poderia se referir a fatos e personagens reais.

Os olhos de Simone brilhavam, o que fez com que perguntássemos primeiro a ela o que "gostaria de ser" ou que *papel* gostaria de fazer. Não sabia ainda. Os três davam a impressão de procurar "alguma idéia". Logo Ricardo disse que "queria ser" um passarinho, Simone imediatamente escolheu ser uma cachorrinha e José Maria optou por ser um elefante. Perguntamos se queriam que também desempenhássemos papéis. Simone então quis saber se também podia haver rainhas e princesas. Lembramos que todos podiam "inventar" o que quisessem. Propôs que uma de nós fosse a rainha, a mãe; e a outra, a princesa. Consultados, os meninos concordaram. Tiveram dificuldade para decidir qual seria a rainha e qual, a princesa, Simone propôs que a mais velha de nós * fosse a rainha. Satisfizemos sua curiosidade a respeito de nossas idades, mesmo assim insistindo para que escolhessem.

Dramatização:

Seguindo a consigna resultante de acordo entre os três, a princesa (Carmen) era dona dos bichos. Promovendo o aquecimento para o desempenho de papéis, a rainha (Camila) comentava com ela o que se passava: "Veja, o seu passarinho já está voando. Como pula a sua cachorrinha! Lá vem o seu elefante!" **.

Simone propôs, interrompendo a dramatização, que Camila fosse um cachorro e que Carmen continuasse como princesa. Mais uma vez, os meninos concordaram.

Camila andava de quatro, corria atrás do passarinho, cheirava a cachorra e o elefante. A princesa continuava a comentar o que se passava com seus animais ***. Apesar desses esforços das terapeutas,

---

* Provavelmente queria saber quem tinha mais *autoridade*, mas não nos pareceu o momento de fazer tal interpretação.

** Introdução de *comentários a partir do papel* desempenhado pela terapeuta, evitando interromper a dramatização e utilizando outro recurso importante do Psicodrama com crianças, pois estas dificilmente dispõem da mesma capacidade de concentração que permite ao adulto a participação ativa em uma *fase* posterior de *comentários*. No final da sessão, como descreve Echániz, é mais freqüente a utilização da "técnica do recontar" (raconto), segundo a qual o terapeuta pergunta "o que aconteceu até o momento e todos compõem entre si um relato".

*** *Solilóquio*, também com a finalidade de comentar o que ocorre, sem interromper a seqüência dramática.

as crianças não mantinham a "expressão corporal" do papel e não se entrosavam. Um dos três disse que bicho não falava.

Aproveitando a interrupção e essa observação, Camila perguntou se topavam que criasse um papel para si mesma e, nesse caso, seria uma *mágica* *, que faria com que os bichos falassem. Imediatamente Simone propôs que então fosse a fada madrinha, que ia visitar a princesa. A fada madrinha fez com que os bichos falassem, atendendo ao pedido da princesa, para que pudessem *expressar seus desejos* **. Logo o passarinho quis andar e o elefante, voar. A fada e a princesa comentaram que agora podiam brincar juntos. Com efeito, começaram a se aproximar através do movimento. A cachorrinha foi a última a expressar seus desejos: quis também voar e ter um pêlo muito bonito. Atendidos os pedidos, a fada se retirou. Voltando a rainha, esta e a princesa continuaram a conversar entre si e com os bichos ***.

O tempo estava se esgotando e perguntamos como a história ia acabar naquela sessão (poderia continuar na próxima).

Mais uma vez por sugestão de Simone, aceita pelos demais, a rainha exigiu que a princesa fosse dormir e esta ofereceu resistência. Consultado, o grupo (Simone inclusive) decidiu que ela cederia ****.

---

* A criação de um personagem não solicitado pelo grupo visou a recuperação do "aquecimento específico", isto é, a que voltasse a se estimular para a ação específica proposta — pois, ainda inibidas, as crianças atuavam pouco. A "mágica" possibilitou o treino de desempenho de papéis, sem desconsiderar sua necessidade de falar. A introdução desse personagem "projetivo", visando facilitar a livre expressão de necessidades, emoções, sentimentos e fantasias, é um recurso técnico que criamos, inspiradas na técnica da "*boutique* mágica" — descrita por Ancelin (9) como "situação imaginária", "onde se pode comprar e vender qualquer coisa" e "que é ao mesmo tempo uma representação espontânea de imaginação, um teste projetivo, e um meio de diagnóstico e que, de modo acessório, produz um treinamento para a espontaneidade".

** Contos de fadas, onde há pedidos ou "desejos", são conhecidos pela maior parte das crianças, mesmo aquelas que pertencem às faixas mais carentes da população. As brilhantes análises de Bettelheim (4) podem auxiliar na compreensão do porquê deste fenômeno.

*** Neste comentário foi ressaltado o fato de terem conseguido atuar juntos porque já eram capazes de chegar a acordo, embora fossem "bichos" muito diferentes.

**** Mais uma vez apareceu o tema autoridade, sendo Simone, no caso, a protagonista. Teria sido o momento para introduzir assinalamentos e talvez até a *inversão* de papéis. Como se tratava da primeira sessão, e pelo fato de o tempo estar se esgotando, não o fizemos. Considerando, posteriormente, a falta de assiduidade e a facilidade com que os familiares deixavam de trazer as crianças, mudamos de idéia, julgando que deveríamos, a cada sessão, propiciar o máximo de oportunidade para que lidassem com a problemática apresentada.

As terapeutas perguntaram onde a princesa ia dormir *. Escolheram um canto da sala. Juntaram vários banquinhos e *todas* as almofadas, sem se preocupar, portanto, com a cama dos bichos, e fizeram uma cama confortabilíssima para a princesa. A cama dos bichos foi o próprio tablado, onde se deitaram os três.

Segunda Sessão

Participantes: Simone (9 anos), José Maria (9 anos), Mário (9 anos) e Maria Lúcia (10 anos) **

Já na sala de espera, Simone estava muito animada, falando sem parar sobre a sessão anterior. Enquanto nos dirigíamos para a sala, ela continuava falando, excitada e perguntando: "Quem vai ser o passarinho? O outro menino faltou!".

Simone e José Maria sentaram-se diretamente no tablado. Explicamos que talvez seja melhor deixar o tablado para a hora da dramatização. Acomodam-se nos bancos. É feita a apresentação dos novos; Maria Lúcia parece à vontade e Mário, muito inibido.

Simone continua falando, dizendo que quer acabar a história da sessão anterior ***. Como ela está se dirigindo todo o tempo às terapeutas, sugerimos que discuta sua proposta com o grupo. Ela se dirige então aos demais elementos do grupo, e conta para os outros como foi a sessão anterior. José Maria, solicitado por nós, participa um pouco desse relato. Simone pergunta se os outros querem prosseguir com a história e continua querendo saber quem vai ser o passarinho ****. Lembramos que podem ser os mesmos ou outros bichos, ou gente, o que quiserem.

Simone diz que quer ser cachorra mesmo, "mas bem pequenininha". Maria Lúcia decide ser uma coelha; Mário, um macaquinho; e José Maria diz que não quer ser elefante de novo, quer ser leão.

* Para abreviar o relato, não descrevemos o cenário imaginário, mas o espaço da sala havia sido dividido entre casa da princesa e parque ou jardim.

** Foi uma das poucas sessões onde havia homogeneidade etária dos participantes e a única sessão em que havia mais que uma criança remanescente da sessão anterior. Durante quase dois meses, na etapa inicial da formação do grupo, em vista da entrada de elementos novos e do número de desistências, poucas vezes tivemos as mesmas crianças reunidas e chamou nossa atenção o fato de ter sempre havido continuidade nos temas para dramatização, apesar das circunstâncias tão adversas.

*** Como refere Carlos Alegre, "um mesmo tema da dramatização se repete com ligeiras variantes, ao longo de muitas sessões, até que o material que contém seja suficientemente elaborado" (2).

**** Com alguma ajuda nossa, foi (ainda mais nitidamente) esta criança que dirigiu a sessão. Isso é bastante comum no nosso trabalho com crianças, como já foi referido em outro trabalho de Camila Salles Gonçalves (6).

Simone (cachorra) diz que tem 1 ano e os outros também escolhem idades: coelha — 2 anos, macaco — 6 anos e leão — 5 anos. Simone: "Não está bom ter um ano, quero ser mais pequenininha". Propõe algumas idades abaixo de 1 ano e resolve ter 4 meses *.

Simone sugere que escolham nomes para os bichos, o que Maria Lúcia diz ser "muito difícil" e propõe que tenham seus próprios nomes. Simone não concorda, pois "nome de bicho e de gente é diferente", e escolhe "Susy" para nome da cachorrinha. Maria Lúcia diz que "também tem gente que se chama Susy" ** e apresenta muita dificuldade para escolher nome para a coelha. Mário escolhe "Mickey" para o macaco e José Maria, "Félix" para o leão. Como Maria Lúcia não consegue escolher o nome, as terapeutas sugerem que o grupo a ajude. Simone propõe "Mimi", que é aceito por todos. Combinam que os bichos serão da princesa (Carmen) e que sua mãe, a rainha (Camila), ficará no castelo enquanto a princesa brinca com os bichos ***.

Dramatização ****:

Durante a dramatização vão solicitando outros papéis como a fada (Camila) para permitir que os bichos falem *****.

Poucos minutos após a cena ter se iniciado, surge a idéia de se fazer a história da Rapunzel. Rapidamente descrevem os personagens e escolhem novos papéis, havendo participação de todos nesse momento ******.

---

* Qualquer que fosse nossa hipótese interpretativa pareceu-nos não caber mostrar por que escolhiam idades tão regressivas nesse momento.

** Estabeleceu-se uma liderança e uma disputa em torno dela. Nesse momento, apenas assinalamos o que ocorria entre as duas crianças que discordavam.

*** Conforme Lebovici, Diatkine e Kestemberg (7), há grande facilidade para o surgimento do tema nas sessões infantis. Já Widlöcher (10) descreve que "no começo do tratamento, sobretudo se o grupo se compõe apenas de 'iniciantes', e durante o tratamento, quando a composição do grupo se modifica, uma grande inibição é freqüentemente constatada. As crianças mostram-se incapazes de propor um tema, cada uma dizendo 'não ter nenhuma idéia'; uma parecendo procurar com esforço e até mesmo irritação, outras mostrando-se desatentas e distraídas. Na realidade todas se observam mutuamente, e cada uma evita aventurar-se a romper o silêncio geral".

**** No psicodrama com crianças, muitas vezes o aquecimento é bastante rápido, mas nem sempre a dramatização começa tão de imediato, exigindo que se promova um aquecimento específico.

***** Foi grande a facilidade que o grupo apresentou e vem apresentando para jogar com a possibilidade de a mesma pessoa ter mais que um papel na dramatização.

****** Apesar de não haver qualquer seqüência dramática aparente, aceitamos o novo caminho sugerido pelo grupo.

Montam a cena onde Rapunzel (Camila) é visitada pelo lenhador (J. M.) e sua mulher (M. L.). Quando a cena está sendo feita, alguém propõe que, na hora do encontro dos três, Rapunzel descubra "que o lenhador é seu verdadeiro pai".

Foi muito difícil, tanto para J. M. quanto para M. L., representar seus papéis (pai e mãe). Determinar os papéis e aceitá-los foi mais fácil, porém não conseguiram desempenhá-los: saíam do papel, riam, estavam desapontados na situação de representar um casal.

Num dado momento, M., que esperava para entrar em cena como filho do lenhador, mexe no vão da janela e prende o dedo. Não pede ajuda, não chora, apenas contrai violentamente a musculatura facial, ficando à mercê da nossa percepção o que estava ocorrendo.

A sessão é interrompida para que ele seja cuidado, levado para curativo etc.

O grupo desiste da história da Rapunzel e retorna ao combinado no início *. Como "bichos" estavam muito mais à vontade, cada um podendo desempenhar melhor os seus papéis (talvez por serem papéis estranhos aos habituais), mostrando-se bastante criativos **.

Por um período, M. é um "macaquinho machucado"; posteriormente integra-se na dramatização e "sara".

Os bichos são alimentados pela princesa, tentam enganar a rainha quando é hora de dormir (acordam assim que ela sai de perto) ***.

A seguir resolvem que é hora de dormir mesmo e novamente fazem camas muito caprichadas e confortáveis para a princesa e, desta vez, também para a rainha.

Combinam e fazem a cena seguinte: enquanto a rainha e a princesa dormem, os bichos levantam e fazem surpresa para elas. Arrumam e enfeitam todo o castelo "para ficar tudo bonito quando as duas acordarem".

---

* Como esse novo tema foi abandonado pelo grupo, apenas registramos, para nós mesmas, esse conteúdo, que poderia ressurgir.

** Ressalte-se que, em se tratando de uma segunda sessão (apenas para parte do grupo), efetivamente não se espera tal traquejo por parte dos participantes.

*** Vários comentários foram feitos pelas terapeutas, durante a sessão, a partir de seus papéis psicodramáticos, e foi marcada a distinção entre sua fala, quando feita a partir do papel do personagem e quando feita a partir do papel de diretor da cena.

Pedem que fechemos os olhos; enquanto isso, desenham na "lousa do castelo". Todos participam e cada um faz sua "assinatura":

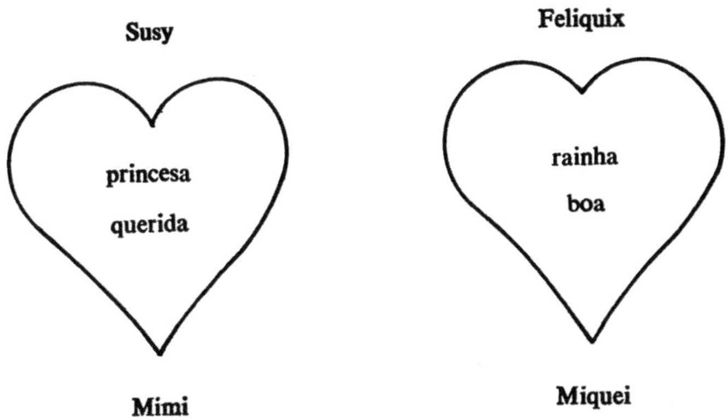

A sessão termina praticamente sem nenhum comentário, a não ser aqueles feitos de "dentro" dos papéis de rainha e princesa, a respeito de quanto queriam agradá-las e desejavam que fossem boas para o grupo.

Conclusão:

As dificuldades apresentadas determinaram situações atípicas, tais como: a presença de crianças de idades diferentes ou pertencentes a estádios evolutivos intelectuais diferentes em um mesmo grupo, a saída de elementos sem prévia comunicação e a indeterminação do número de participantes. Esta indeterminação, em certo sentido, pode caracterizar a terapia como realizada em grupo "aberto". Na verdade, Moreno (8) distingue o "psicodrama aberto", que "reúne participantes de todos os meios", e o "psicodrama fechado", que "se realiza em grupo homogêneo"; embora a situação que descrevemos não se enquadre efetivamente em nenhuma destas, a heterogeneidade dos elementos e a falta de garantia da continuidade dos encontros têm algo em comum com a primeira. A importância de assinalar as características desse psicodrama está no fato de assim se configurar um conjunto de condições que, *a priori*, seriam tidas como adversas; apesar disso, observou-se um grau crescente de participação espontânea das crianças.

Consideramos que o fato de não haver orientação ou terapia para as mães pode ter sido um dos fatores da desistência de algumas, o que fez com que procurássemos colegas interessadas na expansão do projeto inicial, de modo a propiciar-lhes atendimento.

As vicissitudes relatadas não impediram que o grupo se mantivesse, constituindo agora (junho de 82) um núcleo, a partir do qual tanto é possível compor novos grupos quanto ampliar a oferta aos profissionais pertencentes à instituição de diversificação da prática terapêutica.

REFERÊNCIAS BIBLIOGRÁFICAS

1. Abadi, Maurício e Pavlovsky, Eduardo A., "Uma Experiência de Psicoterapia Grupal: La Coterapia", *in Cuadernos de Psicoterapia*, Genitor, Buenos Aires, n.º 2, 1966, pp. 17-25.
2. Alegre, Carlos A., "Psicodrama para Niños", *in* Bustos Dalmiro, M., *El Psicodrama*, Plus Ultra, Buenos Aires, 1974.
3. Bermúdez, J. G. Rojas, *Introdução ao Psicodrama*, Mestre Jou, São Paulo, 1970.
4. Bettelheim, Bruno, *A Psicanálise dos Contos de Fadas*, Paz e Terra, Rio de Janeiro, 1979.
5. Echániz, José, "La Sessión de Psicodrama com Grupos de Niños", *in Cuadernos de Psicoterapia*, Genitor, Buenos Aires, vol. V, n.º 1, 1970, pp. 53-59.
6. Gonçalves, Camila Salles, "Psicodramatista, Mulher e Criança", trabalho de "terapeuta de aluno", apresentado na Sociedade de Psicodrama de São Paulo, 1981.
7. Lebovici, S., Diatkine, R. e Kestemberg, E., "Técnicas Generales del Psicodrama", *in Cuadernos de Psicoterapia*, vol. IV, n.º 1, 1969, pp. 39-76.
8. Moreno, J. L., *Psicodrama*, Hormé, Buenos Aires, 1961.
9. Schützenberger, Anne-Ancelin, *O Teatro de Vida — Psicodrama*, Duas Cidades, São Paulo, 1970.
10. Widlöcher, Daniel, *Psicodrama Infantil*, Vozes, Petrópolis, 1970.

REMATRIZANDO A RELAÇÃO PAIS-FILHOS *

Vanda di Iorio Benedito
Terezinha Tomé Baptista
Maria Regina Castanho França
Judith Vero

I — INTRODUÇÃO

Aproximadamente em maio de 1983 fomos contatadas pelo Instituto de Psicodrama de São Paulo (SOPSP) que necessitava de atendimento para crianças que aguardavam triagem. Dessa solicitação nasceu a idéia deste trabalho que passamos a relatar.

Nossa meta era atender, simultaneamente, dois grupos, um de pais e outro de crianças (seus filhos), enfocando nosso atendimento não só na psicoterapia das crianças, mas também na relação pais-filhos. Assim, estaríamos rematrizando (3, p. 113) também esta relação.

O atendimento iniciou-se com duas terapeutas para o grupo infantil ** e duas para o grupo de pais ***, ambas unidades funcionais atuando a nível de co-direção, sob supervisão ****.

Quando nasce, uma criança se inscreve em um contexto familiar, que é fundamental na sua formação. É nele que a criança, ao diferenciar e assumir papéis, vai adquirindo características pessoais e únicas (3, p. 83).

O núcleo familiar influi sobre a criança favorecendo ou dificultando determinadas condutas. É o núcleo central na sua formação. Ela passará por uma evolução favorável se o grupo familiar permitir

---

* Trabalho apresentado no IV Congresso Brasileiro de Psicodrama, de 13 a 16 de junho de 1984, em Águas de Lindóia.

** Vanda di Iorio Benedito e Terezinha Tomé Baptista.

*** Maria Regina Castanho França e Judith Vero.

**** Camila Salles Gonçalves e Carmen Lenci Lamas.

que seus componentes (os membros do grupo, inclusive a criança) atuem de forma espontânea e desenvolvam independência.

A família participa da formação da *Matriz de Identidade* do indivíduo e o relacionamento que mantém com a criança permeia grande parte da sua vida, pois apresenta-lhe modelos de conduta social e fundamenta o seu processo de aprendizagem emocional.

A *Matriz de Identidade* é o *locus* onde a criança se estabelece, é a placenta social que condiciona grande parte de sua vida futura, ao transmitir-lhe modelos de conduta social e de relacionamento.

A psicoterapia permite ao indivíduo o desbloqueio de forças que, por circunstâncias, se cristalizaram impedindo o fluir da espontaneidade. Restabelece canais de comunicação, facilita a aprendizagem e desempenho de papéis e o estabelecimento de novos vínculos. A terapia, segundo Fonseca, é o caminho para uma re-matrização da identidade, pois o "processo relacional intenso" é liberalizador "de cargas passadas" e oferece a possibilidade de "reviver diferenciando" (3, p. 113).

O cliente pode, na terapia, desligar-se de vínculos transferenciais, recuperar cargas positivas ou télicas, enfim, viver a espontaneidade. Pode chegar, com a melhor utilização de suas forças, à modificação de suas relações e, portanto, de seu meio.

A criança, devido a sua dependência de adultos — principalmente seus pais —, necessita de tanto mais força para qualquer modificação em suas relações e em seu meio quanto maior for a resistência das pessoas de cujo afeto depende.

Pretendemos com nosso *atendimento simultâneo* ao grupo de pais *e ao grupo de crianças* que o investimento na melhora da compreensão e na modificação das relações seja dividido entre pais e filhos. E, ainda que a dificuldade que se nos apresenta venha através da criança (a queixa trazida se refere a ela), nosso *objetivo é trabalhar* com os dois pólos da relação. A problemática da criança reflete, necessariamente, alguma dificuldade no vínculo.

Assim, a psicoterapia ocorre *nos dois grupos*, apesar de que, como veremos adiante, o *grupo* de pais apresenta algumas características que ultrapassam a assim chamada psicoterapia. Consideramos, entretanto, que *este grupo é terapêutico, possibilitando não só o desenvolvimento do papel em questão (papel de pais), mas também facilitando a aquisição de novos, já que o indivíduo, ao desbloquear-se com relação a um papel, revê suas disposições pessoais.* As mudanças pessoais, conseqüentemente, manifestam-se no desempenho de outros papéis *.

---

* A propagação da modificação, de um papel para outro, ocorre mais facilmente em *clusters* ou *cachos* de papéis.

II — MATERIAL E MÉTODOS

Os grupos iniciaram-se em maio de 1983, com a participação de apenas três crianças, das quais uma permanece até hoje. Houve um rodízio de algumas crianças no grupo que há nove meses conta com as mesmas três crianças. S., 12 anos, no grupo desde seu início; F., 12 anos, há nove meses no grupo; e A., 9 anos, há nove meses no grupo. Quanto ao grupo de pais, atualmente dele participam as mães de F. e A. e os avós de S., com os quais este mora.

As sessões têm duração de uma hora semanal, ocorrendo no período da tarde. O atendimento é realizado nas dependências da SOPSP, em duas salas independentes, que contêm quadro-negro, almofadas, bancos e cadeiras.

Utiliza-se nas sessões a *metodologia psicodramática*, obedecendo ao esquema clássico, de divisão em fases, ou seja, *aquecimento*, *dramatização* e *compartilhar* (*sharing*). Nas sessões do grupo infantil essa fase final dificilmente acontece, sendo que a parte de *dramatização* muitas vezes se inicia logo que as crianças entram na sala.

As sessões de ambos os grupos são elaboradas e trabalhadas em supervisão semanal, com duração de uma hora e trinta minutos.

Cabe esclarecer que, devido ao fato de pais virem à procura de tratamento para seus filhos, e não para si, o nosso grupo de pais é proposto como uma *terapia do papel de pais*. Obviamente, este papel foi desenvolvido a partir de papéis e vivências anteriores. Muitas vezes, durante o trabalho psicodramático, o protagonista atinge um aprofundamento que ultrapassa os limites propostos. Embora não se incentive esse aprofundamento, o mesmo não é impedido, uma vez que acreditamos na necessidade de se esclarecer o elo transferencial quando este se manifesta durante a sessão.

Para os pais, nas sessões onde estas se mostram necessárias, também podem ocorrer orientações de ordem pedagógica, informativa e/ou psicológica.

III — PROCEDIMENTO

O processo iniciou-se através de uma entrevista com pais e filhos. Cada família foi convocada para um determinado horário; as terapeutas que trabalhariam com as crianças entrevistaram os pais (anamnese), enquanto as terapeutas que trabalhariam com os pais fizeram uma observação clínica das crianças. Foram feitos protocolos das anamneses e dos desenhos propostos às crianças.

Os avós de S. procuraram o Instituto de Psicodrama da SOPSP por indicação da escola. S. apresentava rebaixamento intelectual, sérios distúrbios de aprendizagem, encontrando-se, ainda, em fase de alfabetização (cursava escola especializada). Desde que entrou para a escola, aos 4 anos de idade, foi constatada uma série de dificuldades, tanto de ordem social quanto intelectual. Seus primeiros anos de vida caracterizaram-se por marcada carência alimentar, maus-tratos físicos por parte da mãe, que finalmente o abandonou aos 2 anos de idade, quando passou a ser criado pelos avós. Estes consideravam S. um menino ainda com interesses infantis, isolado socialmente, muito dócil, obediente e carinhoso (chega a ser "melado", diz a avó). Os avós de S. são pessoas de idade avançada; ela, dona de casa, ele, comerciante aposentado. A avó era pessoa extremamente afetiva, de bom senso, e bastante intuitiva, tomando as rédeas da casa. O avô mostrava-se mais distante, calado, e quando falava geralmente se utilizava de "chavões" e respostas estereotipadas, apesar de se mostrar sempre de bom humor. O vínculo de S. era maior com a avó. No decorrer das sessões ficou claro que S. era tratado de maneira infantilizada, de modo a manter a sua dependência e falta de autonomia. S. revelou baixa crítica com relação a seu comportamento sexual, tendo em algumas ocasiões se masturbado durante a sessão.

A mãe de F. apresentou-se ao Instituto, também encaminhada pela escola do filho com a seguinte queixa: F. era muito desobediente, agressivo e impulsivo. Já havia se submetido à terapia bipessoal, mas esta fora interrompida por motivos não muito claros. Aos 6 anos de vida, F. sofrera uma queimadura grave, provocada acidentalmente por ele mesmo (colocou fogo num recipiente com álcool, que veio a explodir). Em conseqüência desse acidente, passou por várias cirurgias plásticas e teve seu desenvolvimento escolar prejudicado, perdendo dois anos na escola. Cursava a terceira série na época do início do grupo. Na escola era considerado uma criança inadequada, não respeitando qualquer limite, tendo inclusive tentado fugir do local por várias vezes. Era rejeitado por colegas e professores, apresentando vários comportamentos autodestrutivos, tanto física quanto intelectualmente. Sua mãe dizia não conseguir impor limites ao filho. Este saía de casa e não respeitava o horário para voltar; gastava o dinheiro que recebia de familiares em jogos eletrônicos, tendo, em uma oportunidade, tirado dinheiro da bolsa da mãe para esse fim. A mãe de F. confessava-se impotente e sem ação diante dos comportamentos do filho, oscilando entre uma atitude agressiva (batendo e gritando) e outra, de distância e passividade. No início do grupo mostrava-se uma pessoa fria, que culpava o filho por tudo, sem assumir sua parte de responsabilidade na relação.

A mãe de A. trouxe, de início, uma queixa dupla. Não só reclamava do filho, como dizia que também precisava de tratamento. Com relação ao filho dizia ser este muito agitado, desobediente; ele não colaborava em casa e brigava muito com sua irmã de 2 anos de idade. A. vivia na rua, brigava e apanhava muito dos colegas, mas voltava para casa e pedia à mãe que o ajudasse. Ao mesmo tempo, a mãe dizia ser uma pessoa muito nervosa, que precisava de terapia e que já estava inscrita na lista de espera do Instituto, aguardando chamada. Entre A. e a irmã tinha tido outro filho, que falecera. A terceira gravidez ocorreu, segundo ela, para preencher o vazio deixado por esta criança. Essa perda parece ter perturbado bastante a mãe de A., permeando, inclusive, o relacionamento familiar. Ela se confessava totalmente sem paciência com o filho, punindo-o constantemente. Sentia-se sem energias, cuidando apenas da filha pequena, exigindo de A. um comportamento amadurecido. Foi encaminhada para o Instituto por uma psiquiatra e, no início do grupo, mostrava-se muito nervosa, falando desordenadamente e chorando com facilidade. Tratava-se de pessoa bastante autocentrada e qualquer solicitação do filho era percebida como uma exigência que ultrapassava suas possibilidades.

Durante as sessões com as crianças (grupos de meninos), ficaram bastante claras as características de cada um, nas diferentes situações e relações estabelecidas entre eles. Assim, F. tornou-se líder do grupo, dando ordens e direção aos companheiros, e mostrando-se intolerante com as "falhas" destes. Seu relacionamento afetivo era muito distante. Assumia uma atitude de desafio, testando sempre os limites e a autoridade das terapeutas. Em algumas sessões apareceram fortes tendências destrutivas, através de comportamentos que implicavam em risco de dano físico.

A. também repetiu no grupo os comportamentos que o trouxeram para tratamento. Passou a ser o "chato", provocando e despertando nos outros agressão e raiva. O grupo se irritava bastante com ele, porém A., para obter socorro, adotava uma posição de vítima.

S., nesse grupo, mostrou-se limitado, do ponto de vista cognitivo, para compreender certas situações. Revelava-se sem crítica com relação às atitudes dos colegas e às suas próprias. Era muito inconsistente na sua participação, ora dando sugestões e colaborando, ora desligando-se do que estava acontecendo.

Assim, cada um chegou ao grupo trazendo seu estereótipo social: "o chato", "o agressivo", "o burro". No início do processo terapêutico, essas formas de interação tornaram-se exacerbadas. Isso impedia que outras características de cada um, diferentes dessas, pudessem aparecer.

Durante as sessões com os pais, evidenciou-se a complementaridade do vínculo. Assim, a mãe de F. mostrava-se como uma pessoa insegura e indecisa no contato com o filho. Não expressava claramente seus afetos e esta parecia ser uma maneira de manter sob controle os fortes sentimentos de agressividade dirigidos contra ele. No grupo, mantinha distância das pessoas, dificultando qualquer movimento de aproximação.

A mãe de A. apresentava-se como a "mãe do chato", ou seja, queixando-se muito do filho, sentindo-se uma pessoa sem saídas, mobilizando sentimentos de piedade no grupo e fazendo com que os participantes sentissem necessidade de ajudá-la.

Os avós de S. mostravam que sua forma de relacionar-se com o neto dificultava seu crescimento, pois procuravam suprir todas as necessidades do mesmo, não lhe delegando responsabilidades, dispensando-lhe superproteção. A avó, no grupo, era sempre solicitada pelos outros, como fonte de afeto e apoio.

IV — CONCLUSÕES

Pudemos perceber claramente, através deste trabalho — cuja duração é de apenas um ano —, a eficiência da metodologia adotada. Crianças e pais encontram-se em pleno *processo de rematrização de seus vínculos*, o que se tem observado não só através das sessões, mas também por meio de relatos familiares e escolares.

Aqui, o relato das últimas "notícias" a respeito do andamento deste trabalho (maio/1984):

PACIENTE S. E SEUS AVÓS

S. tem apresentado, nas sessões do grupo terapêutico, comportamentos que demonstram visível fortalecimento pessoal. Ele pôde descobrir uma outra forma de se colocar no grupo e esta tem sido aceita e valorizada. A vivência contínua do relacionamento terapêutico tem assegurado a S. maior confiança em suas reais potencialidades, possibilitando-lhe encontrar uma posição mais confortável no mundo. Ele já não precisa aceitar somente o que vem de fora, mas propõe suas próprias idéias. Tem tido uma participação muito mais ativa e segura. Conquistou seu espaço dentro do grupo e, no momento, parece que de certa forma sabe quais são suas chances em função de suas limitações intelectuais.

Em casa, segundo relato dos avós, tem saído para passeios e diversão, ajuda nos trabalhos de casa e não vem mais apresentando comportamento sexual inadequado.

Na escola, depois de um período de crise, quando passou a desafiar professores e colegas, talvez como forma de estabelecer e fortalecer sua posição neste grupo, seu comportamento modificou-se bastante. Tornando-se pessoa mais calma, mais adequada com relação às normas e regras, melhorou inclusive seu desempenho escolar.

Os avós de S. adquiriram uma consciência mais clara da realidade do neto ("um garoto diferente", reconhecem). Começaram a admitir que S. apresenta limitações intelectuais. Aprenderam a aceitar melhor essa situação, sem contudo impedir o crescimento do neto por meio de exagerada proteção. Para eles está claro que S. "terá que aprender um ofício", e que, para isso, é necessário, por exemplo, que aprenda a andar de ônibus sozinho. Paralelamente, a avó percebeu que a superproteção expressava sua própria carência afetiva. Na medida em que isso pôde ser explicado, estabeleceu-se uma nova dinâmica familiar. O avô mostra-se mais receptivo às necessidades afetivas da mulher e, dentro de suas possibilidades, tem assumido uma posição mais afetivamente expressiva, de modo a satisfazê-las.

PACIENTE F. E SUA MÃE

F. teve sua dinâmica exaustivamente trabalhada durante meses. Somente nas últimas sessões apresentou modificações significativas em seu comportamento dentro do grupo. Ele já é capaz de estabelecer regras junto com seus colegas e com as terapeutas e se esforçar por cumpri-las. Aceita melhor a autoridade e apresenta menor número de comportamentos destrutivos.

Na escola tem sido visto "como outra criança", segundo relata a diretora. Relaciona-se adequadamente com os colegas e professores; respeita melhor os limites da instituição. Paralelamente revela grande progresso no seu desempenho escolar. Atualmente freqüenta a quarta série.

A mãe de F., durante o processo terapêutico, conseguiu perceber a carência afetiva do filho e o quanto se mantinha distante dele. Tem se revelado mais segura, tranqüila e afetiva no grupo, menos queixosa em relação ao filho, capaz de reconhecer os progressos dele. Essas mudanças também se confirmaram através da escola do filho, cuja diretora relata "não reconhecer mais na mãe de F. aquela pessoa rígida, simples e fechada de antes". Atualmente tem saído mais com o marido, criando mais espaço também para essa relação.

PACIENTE A. E SUA MÃE

A. tem tido oportunidade de refazer seus vínculos. Fortaleceu-se dentro do grupo em decorrência de uma melhor percepção de seu papel anterior e o que este evocava no grupo. Tornou-se mais independente, experimentando outros modelos de relacionamento. Não está mais tão sujeito às ordens dos outros, mas sugere suas idéias e luta por uma posição mais privilegiada dentro do grupo, procurando obter satisfação para suas necessidades de maneira mais adequada. Revela-se menos carente, relacionando-se de maneira bem diferente daquela inicialmente apresentada, quando se mostrava bastante queixoso e impotente se não conseguia ter aquilo que desejava.

Em casa, segundo o relato da mãe, mostra-se mais responsável com seus horários, sai e volta para casa sem que precise ser chamado, mostra-se menos provocador com relação à irmã e mais colaborador com as tarefas de casa (por exemplo, arruma sua própria cama).

A mãe de A., no decorrer das sessões, percebeu que dispensava pouca atenção e afeto ao filho e reconheceu que este tem razões para se sentir carente. Percebeu também o quanto é uma pessoa preocupada demais com ordem e limpeza na casa e o quanto isso pode "justificar" que A. se sinta melhor na rua. Ela tem se mostrado mais tranqüila no grupo e freqüentemente relata que tem se sentido menos nervosa e mais paciente com o filho. Diz-se mais segura na sua maneira de lidar com os filhos, embora ainda "longe do ideal e com muito chão para percorrer".

V — COMENTÁRIOS

Este trabalho serviu de grande incentivo para as terapeutas, devido aos resultados obtidos em tempo bastante curto.

Em vista disso propomos:

— que a SOPSP, através de seu Instituto de Psicodrama, promova atendimento a outros grupos, utilizando metodologia semelhante, ainda que a populações diferentes, como crianças em faixas etárias diferentes daquela por nós atendida;

— que outros centros de Psicologia e/ou Psicodrama se lancem em experiências semelhantes;

— que a partir de várias experiências diferentes possamos ensaiar um estudo multicêntrico de maiores proporções.

REFERÊNCIAS BIBLIOGRÁFICAS

1. Bustos, D. M., *O Psicodrama — Aplicações da Técnica Psicodramática*, Summus, São Paulo, 1980.
2. Bustos, D. M., *Psicoterapia Psicodramática*, Paidós, Buenos Aires, 1975.
3. Fonseca F.º, J. S., *Psicodrama da Loucura*, Ágora, São Paulo, 1980.
4. Gonçalves, Camila, S., "Psicodramatista, Mulher e Criança", trabalho de credenciamento como terapeuta de alunos, na Sociedade de Psicodrama de São Paulo, 1981.
5. Moreno, J. L., *Psicodrama*, Cultrix, São Paulo, 1975.
6. Moreno, J. L., *Psicoterapia de Grupo e Psicodrama*, Mestre Jou, São Paulo, 1974.
7. Widlöcher, D., *Psicodrama Infantil*, Vozes, São Paulo, 1970.

PSICOTERAPIA DOS PAPÉIS DE PAI E DE MÃE

Maria Adelaide Turbiani
Vera Lucia Senatro

Geralmente as queixas trazidas pelos pais, tanto no consultório quanto em instituições como a nossa *, referem-se a atitudes e comportamentos do filho que estão gerando "reclamações" do meio escolar e/ou familiar. Acompanhando essas queixas, encontramos as dificuldades daqueles que lidam com a criança no dia-a-dia. Essas dificuldades, no que diz respeito aos pais, situam-se principalmente em dois níveis: a) o do fraco desempenho do papel (papel pouco desenvolvido); b) o da inadequação no desempenho do papel (qualidade do desempenho).

A psicoterapia moreniana tem como base a pesquisa da relação entre pessoas e grupos e, nesta, têm destaque os papéis que as pessoas desempenham. Assim, o método psicodramático visa apreender, nos vínculos estabelecidos entre indivíduos, as conexões entre papéis e contra-papéis **.

É nas trocas ou interferências mútuas entre o meio e aqueles que o compõem, por um lado, e a criança, por outro, que vão se definindo papéis e contra-papéis (exemplo: pai-filho; avó-neto; tia-sobrinha etc.).

A questão do contra-papel não pode ser dissociada de complexas determinações de ordem sócio-econômica. A estruturação de *contra-papéis* não diz respeito a díadas isoladas, mas ocorre em um meio constituído por *redes de papéis*. Muitas vezes, expressa conflitos que protagonizam contradições na dinâmica social.

---

* Instituto de Psicodrama da Sociedade de Psicodrama de São Paulo (SOPSP).

** *Papéis*: são as formas reais e tangíveis que o *eu* adota; expressão objetiva do *eu* na realidade social. *Contra-papel*: é, pois, uma das pontas na inter-relação entre indivíduos desempenhando papéis.

Alfredo Naffah aborda deste modo a relação entre o micro e o macrossocial e a complementaridade entre papéis:

> "(...) os papéis sociais, sua estrutura e dinâmica próprias, nada mais fazem que repetir e concretizar, num âmbito micro sociológico, a estrutura de contradição e oposição básicas que se realizam num âmbito maior entre papéis históricos, constituída pela relação dominador-dominado. Neste sentido é importante lembrar que a própria noção de papel já aparece veiculando necessariamente uma complementaridade: o contra-papel, com o qual existe uma relação estrutural, bipolar e de interdeterminação recíproca" (4, p. 193).

A sociedade brasileira é freqüentemente definida como capitalista, em termos político-econômicos, e como patriarcal, em termos socioculturais. Tradicionalmente a figura do pai é identificada com a daquela que produz, do ponto de vista econômico, e responde pela manutenção, sobrevivência e ascensão sociocultural da família. A mãe, por sua vez, é identificada com a figura que cuida, provê e protege a prole. Uma tal visão desses papéis sociais se encontra hoje nitidamente modificada em certas regiões do país ou estados mais urbanizados, em função de alterações estruturais em nossas sociedades *.

O autor citado faz referência a alterações sociais, comentando a seguinte afirmação de Marx:

> "Com a divisão do trabalho, onde todas estas contradições ** são dadas, e que por sua vez repousa sobre a divisão natural do trabalho na família e sobre a diferenciação da sociedade em famílias distintas e opostas umas às outras, fica dada paralelamente a repartição, e esta desigual, tanto qualitativa quanto quantitativa, do trabalho e de seus produtos; fica, portanto, a propriedade, propriedade que tem seu primeiro germe na família, onde mulher e criança são os escravos do homem" ***.

O comentário de A. Naffah destaca as funções contidas em cada *papel social familiar* e suas determinações:

---

* No Brasil coexistem vários tipos de sociedades determinadas por grande desequilíbrio na distribuição de riquezas. O apelido criado por Edmar Bacha, "Belíndia", designa com agudeza o contraste entre o desenvolvimento, equivalente ao da Bélgica, para alguns, e o destino miserável para milhões, de que, antigamente, grande parte da população da Índia era o exemplo mais conhecido. Entre estes pólos, estão determinadas as classes sociais. Além disso, há determinações regionais de usos e costumes. Para o objetivo deste trabalho, queremos apenas lembrar que não se pode falar em *uma* sociedade brasileira.

** *Contradições* que se dão "num âmbito maior entre papéis históricos, constituídas pela relação dominador-dominado" (4, p. 194).

*** Marx, K., *O 18 Brumário de Louis Bonaparte, apud* Naffah (*ibidem*).

"(...) esta afirmação, quando fala das relações entre o homem, a mulher e as crianças, deve ser compreendida como designando relações entre papéis sociais e não entre indivíduos concretos. Tanto assim que o papel do 'homem da casa' pode, muitas vezes, ser assumido por um indivíduo do sexo feminino, fato não tão incomum nos nossos dias. O importante desta afirmação, neste sentido, é evidenciar que os papéis sociais familiais, numa sociedade pautada na divisão social do trabalho e de seus produtos, retomam e dividem entre si funções específicas de manutenção da estrutura familiar a partir dos moldes da estrutura social mais ampla da qual a família é parte" (4, p. 194).

Os papéis de *pai* e de *mãe* vêm sofrendo transformações, a ponto de podermos hoje também identificar (em centros urbanos), na figura do pai, traços que o definem como provedor, em sentido mais amplo que o anterior, assim como, na figura da mãe, traços que a caracterizam como alguém que também produz em termos econômicos e desenvolve outros papéis sociais, tais como papel profissional, de participação na comunidade etc.

Apesar da ocorrência dessa mescla de traços entre seus papéis, podemos hoje, tanto quanto no passado, verificar o "jogo de poder" entre pai e mãe. Por outro lado, podemos também, na Psicologia, e a partir da nossa experiência, afirmar que o poder materno é estruturalmente mais significativo nos primeiros anos de vida e no processo de *matrização de identidade* da criança.

Tudo se passa como se o ser que nasce se percebesse como indiferenciado do mundo externo, como se, para ele, o "interno" e o "externo" se misturassem. Esse "externo" se define como o ambiente familiar e social ao qual a criança chega. E o "interno", como as sensações que a criança tem a partir do seu próprio organismo e da relação deste com o meio em que está. Assim como a mãe, no seu útero e através da placenta, possibilita a este ser desenvolver-se e tornar-se criança, a família, com as características que imprime a suas relações, preestabelece um meio para sua organização e desenvolvimento.

Nesse sentido, o desenvolvimento infantil é norteado pela interdependência da estrutura dos papéis sociais e das formações ideológicas que regem a paternidade, a maternidade e a estrutura familiar (4).

Desde que a criança é concebida, o mundo lhe é transmitido pela mãe que, nessa fase de vida e nas subseqüentes, desempenha o papel de *ego-auxiliar* da criança, pois ela decodifica e oferece os meios diretos de satisfação de suas necessidades. A criança estabelece seu primeiro vínculo com essa *pessoa-auxiliar-mãe*; enquanto esse vínculo se desenvolve, o pai pode estar presente, mas sua presença não se configura imediatamente na estrutura afetivo-emocional da criança; por isso, o desempenho do *papel de pai*, inicialmente, se dá de forma indireta. Se o pai atua diretamente com a criança, também está exercendo o papel de seu *ego-auxiliar*.

Em fases posteriores, a criança já percebe o mundo à sua volta diferenciado dela mesma, e a mãe e o pai como indivíduos independentes dela e entre si. Começa, então, a se relacionar com cada um deles e, no princípio, tem dificuldade para perceber e para lidar com a relação existente entre pai e mãe (que ocorre independente da relação com ela). Nesse momento de vida, a criança vive o reconhecimento do "outro", sendo esse outro primordialmente representado pelo *pai* e pela *mãe*. Diferenciam-se as relações *mãe-filho* e *pai-filho*. Os pais reconhecem características do filho, ao mesmo tempo em que nele imprimem as suas; este, por sua vez, reconhece características de um e de outro e as transforma ao assimilá-las. É um processo dinâmico e contínuo.

Nesse momento do processo infantil faz-se necessário ressaltar o desenvolvimento do *fator tele* *, potencial perceptivo que é intrínseco ao ser e que se desenvolve ao longo da *matriz de identidade*. O *tele* influi diretamente na percepção do outro, na apreensão do mundo e, portanto, na formação da *identidade*.

A facilitação do reconhecimento é alcançada quando a criança se encontra em condições afetivo-emocionais de se relacionar com o pai e com a mãe, enquanto indivíduos, e de suportar a relação destes entre si. É a partir daí que pode incluir mais efetivamente outros indivíduos no seu círculo de relações.

Dentro do referencial teórico do Psicodrama, chamamos todo esse processo de *matrização da identidade*. Se o *papel de mãe* é desempenhado inicialmente segundo as características de prover, cuidar e proteger, e se estas se fazem presentes de forma equilibrada, harmônica, correspondendo às necessidades do indivíduo que está no contra-papel, a conseqüência esperada é o desenvolvimento adequado do seu potencial. Nesse caso, o filho tem mais condições de atuar de maneira criativa e espontânea, tanto na relação com a mãe quanto no estabelecimento de novas relações e vínculos. Se o pai, num primeiro momento, caracteriza o desempenho de seu papel pela aceitação da relação mãe-filho e com esta colabora, estes últimos podem estar vivenciando de maneira satisfatória a primeira fase do *processo de matrização de identidade*. Como dissemos, a principal característica do *papel de pai* freqüentemente se imprime através de um desempenho subjacente e indireto na relação.

---

* *Tele*: é a percepção interna e mútua dos indivíduos (3).

À medida que se desenvolve o processo de matrização, o *papel de pai* também pode ir ganhando as características de prover, cuidar e proteger, que podem ser assumidas de forma mais explícita. Com o crescimento da criança, algumas necessidades assistidas pelos pais vão saindo do primeiro plano.

Se entendemos que na relação *mãe-filho* ou *pai-filho* o objetivo é o desenvolvimento de *ambos*, devemos salientar que, para que isso ocorra, é necessário que haja mudanças no *papel* e no *contra-papel*. Assim, quando se tem como objetivo um trabalho efetivo em psicoterapia com crianças, dentro do enfoque psicodramático, não se pode desvincular essas crianças das redes sociométricas das quais fazem parte, nem dos papéis que elas complementam ou suplementam.

> "Ao ser vivenciado o mundo como parte de si, os papéis em interação são percebidos como suplementares (...) É importante compreender, a partir do ponto de vista evolutivo, que dentro da matriz de identidade total e indiferenciada, todos os papéis são vivenciados em suplementaridade, em que não aparece consciência de vínculo nem de papel complementar (...) Ao acontecer a distância mãe/filho aparece o vínculo e com ele a complementaridade" (1, p. 21).

Para uma melhor compreensão do trabalho psicodramático é relevante lembrar também o ponto de partida de Moreno, o teatro. O drama é tomado como instrumento de pesquisa e de tratamento (que se dá através da ação). Numa peça do teatro convencional, temos *atores* representando papéis, uma *trama* que se desenvolve, ao longo do tempo, e um *projeto fechado* que é representado pelos personagens. No teatro espontâneo, temos um *projeto aberto*, onde não há, *a priori*, um *script*, não existe um roteiro a ser seguido. Cada personagem que surge requer a criação da sua fala e da sua ação. As mudanças ocorrem num processo de "co-criação" (criação conjunta) entre os atores.

No processo terapêutico com a criança trabalham-se os seus vínculos. Paralelamente, no processo com os pais tem-se como foco sua relação com os filhos. Os pais são protagonistas (representantes) de um grupo social mais amplo: o grupo social dos pais.

O Psicodrama atua no ponto de intersecção entre o individual e o coletivo, pois, ao trabalhar com um indivíduo, refere-se ao grupo a que este pertence, porque o drama não é único e exclusivamente seu e sim de todos os indivíduos que ele representa.

Betty Milan define o protagonista como

> "(...) aquele em que o drama latente no Grupo se cristaliza e se torna manifesto na ação dramática. Encarna uma problemática que o trans-

cende. Quer seja o indivíduo, quer seja formado pela totalidade dos pacientes, aquilo que se objetiva através do protagonista responde a uma urgência que é do Grupo" (2, p. 13).

Certos problemas relatados pelos clientes remetem-nos para o *desempenho do papel* propriamente dito. São geralmente trazidos por pais e mães que tiveram a aquisição desse papel específico comprometida. Nesse caso, lidamos com a relação entre eles e a criança, levando em conta sua limitação, acompanhando-os na procura de contornos e estímulos para seu desempenho. São pais que se beneficiam do tratamento em grupo, por encontrarem aí modelos socioculturais do papel (os membros do grupo se fortalecem), que são a base para a criação de seus próprios papéis. Com efeito, muitas vezes trata-se de pessoas que, no seu *átomo social* e na sua história de vida, não tiveram um modelo de "relação pais-filhos" bem definido *.

Já as dificuldades apresentadas como inadequações na *qualidade do desempenho* levam-nos a encaminhar o trabalho no sentido de estarmos junto a esses pais, revendo e relendo sua relação com filhos e refletindo sobre esta **.

Com o crescimento do filho são desejáveis outros atributos no desempenho do *papel mãe*: educar, orientar, com o intuito contínuo de propiciar o desenvolvimento do filho, de uma forma mais proveitosa também para ela. Muitas vezes a dificuldade se encontra nesse ponto, pois certas mães acreditam que o crescimento do filho acarreta a perda de sua função. Elas tendem, nesse caso, a manter o vínculo no mesmo estágio, sem perceber que a relação mãe-filho continua, mas seguindo critérios afetivos e de auxílio mútuo, e não critérios de necessidade de proteção. Também no que diz respeito a esta problemática, o tratamento em grupo possibilita e amplia as trocas, enriquecendo o processo.

Em nossa experiência, o comparecimento mais freqüente aos grupos é o de mães. Isso se explica pela pouca disponibilidade de horário dos pais, além do fato de muitos não aceitarem ou não acreditarem que as dificuldades do filho estejam vinculadas à relação familiar.

A atuação junto às mães e aos pais acontece em três níveis. No primeiro há esclarecimentos sobre o tratamento da criança e diminuição ou eliminação das dúvidas que possam surgir referentes

---

* Ver exemplo n.º 1 — Exemplo de sessões.
** Ver exemplo n.º 2 — Exemplo de sessões.

ao mesmo *. No segundo, favorecemos a relação pais-filhos fornecendo informações sobre o desenvolvimento e psicologia da criança ou quaisquer outras que possam ser úteis. No terceiro, trata-se de um trabalho terapêutico de cunho *sociodramático* **, uma vez que os participantes protagonizam um grupo social mais amplo e suas dificuldades. O foco da terapia, contudo, é a singularidade de cada um na vivência dos seus papéis sociais, para além das estereotipias socioculturais.

As inter-relações sócio e psicodramáticas são bem sintetizadas em um paralelo traçado por Marilena Chauí:

> "(...) psicodrama e sociodrama — o 1.º voltado para a pessoa como indivíduo e que representa em cena sua vivência singular; o 2.º voltado para o grupo como entidade social que representa em cena sua posição no mundo coletivo; o 1.º lidando com o papel em termos de identificação, o 2.º revelando o papel como identidade (...) no psicodrama se busca a objetivação de uma experiência subjetiva, enquanto no sociodrama se busca a subjetivação de uma realidade objetiva" ***.

Nossa proposta se inscreve no ponto de tensão dos protagonistas entre os papéis preestabelecidos pelo meio, por um lado, e a peculiaridade das vivências de cada um, com aspirações a transformações, por outro.

O Psicodrama, enquanto *psicoterapia dos papéis* de *pai*, *mãe*, procura acompanhar suas orientações na trama da vida doméstica. Lidamos com o conjunto de condutas que demonstram frente aos filhos, acompanhando-os na procura de um novo estilo de configurar, na *ação*, esse relacionamento. Às vezes, *insights dramáticos* permitem que a realidade seja vista sob nova luz, mas não há ainda flexibilidade no desempenho do papel, a rigidez acarreta o comprometimento da espontaneidade, isto é, impede que encontrem novas respostas ou atitudes mais criativas diante das dificuldades do cotidiano ****. A proposta terapêutica é, então, a de promover a descoberta de novas possibilidades na relação pais-filhos.

EXEMPLOS DE SESSÕES

Exemplo n.º 1

A tem dois filhos adotivos, um mais recente trazido com a queixa de "comprometimento emocional" (*sic*).

---

* Ver exemplo n.º 3 — Exemplos de sessões.

** Sociodramático: no sentido de estarmos atuando junto a papéis sociais,, isto é, unidades de condutas reconhecíveis numa dada sociedade.

*** Chauí, Marilena, Posfácio (1, p. 263).

**** Ver exemplo n.º 4 — Exemplos de sessões.

Durante o decorrer do processo psicodramático e nas suas sessões de terapia, A foi se apresentando cada vez mais angustiada enquanto tentava colocar suas limitações financeiras para assumir o tratamento *. Ao fazê-lo, referia-se a seu outro filho adotivo como "filho", dizendo que não poderia prejudicá-lo em detrimento de X, não utilizando em momento algum a palavra "filho" para se referir a este último.

Essa situação evidencia a vacilação de A na decisão de assumir o *papel de mãe* na relação com X. Está muito ambivalente. Notamos também que às vezes se relaciona com X como uma irmã mais velha, às vezes como "responsável" por "um menor".

Exemplo n.º 2

B procurou atendimento no Instituto da SOPSP para seu filho Y, pois recebia muitas queixas da escola referentes a dificuldades na aprendizagem e à inadequação de comportamento (comportamentos apresentados também em casa).

Com o psicodiagnóstico constatou-se que a criança apresentava, de fato, dificuldades referentes ao aspecto afetivo-emocional. Houve indicação de psicoterapia para Y e para B.

Durante o tempo que B permaneceu em orientação, ficou evidenciada a dificuldade que tinha em visualizar as próprias limitações, atribuindo-as sempre a quem desempenhava o contra-papel na relação. Não tinha clareza dos vínculos estabelecidos. Reclamava da dependência que todas as pessoas da família tinham com relação a ela, mas não percebia, na verdade, o quão pouco delimitava seus próprios contornos nos papéis com que interagia na família.

Não conseguia constatar que o filho estava *se formando* na relação e que para tanto precisava ter meios de reconhecer o que ela era capaz ou não de investir no desempenho do *papel de mãe.*

Exemplo n.º 3

B submeteu-se à psicoterapia familiar enquanto o filho, Y, à psicoterapia individual. B tinha dificuldade para compreender as razões pelas quais o filho estava em psicoterapia. Alegava "não estar entendendo nada", e dizia às vezes que o tratamento não estava "adiantando". Muitas vezes sugeria condutas que deveriam ser colo-

---

* Este atendimento se deu no Instituto da SOPSP, onde os honorários cobrados não ultrapassam meio salário mínimo e ainda são consideradas possibilidades de redução, levando-se em conta as dificuldades de cada família com relação à renda.

cadas para a terapeuta do filho e assuntos que, a esta, na sua opinião, caberia abordar na sessão da criança.

O início do processo de terapia de B, enquanto orientação, teve por objetivo esclarecer a necessidade, a importância e as condições de tratamento de Y. Possibilitou clarificar, para B, o sentido do sigilo das sessões de psicoterapia, suas e do filho. Esclarecemos os pais para que possam participar do processo do filho, possibilitando a continuidade do mesmo e a efetivação do trabalho terapêutico, mas mostramos que não podemos invadir esse processo.

Finalmente, a partir de sua própria experiência de relacionamento terapêutico, B teve mais condições de compreender por que a terapeuta de Y não podia ficar propondo normas de conduta para a criança ou estabelecendo previamente os temas de suas sessões.

Exemplo n.º 4

C vem em busca de tratamento para a filha menor, que chamaremos aqui de Z, e também de orientação para si. Chegou até o Instituto da SOPSP encaminhada por uma colega que atua na área da saúde, assim como C, com a qual conversava sobre as dificuldades que sentia e percebia na relação com a filha.

C apresentou-se como uma pessoa cujo desempenho do papel de mãe sofre algumas limitações ocasionadas por circunstâncias do momento de vida. Mostrou-se uma mãe esclarecida e geralmente consciente de suas inadequações e limitações. Porém, como ela mesma expressava, sentia extrema dificuldade em modificar sua relação com Z.

Numa das sessões, essa rigidez no seu desempenho tornou-se bastante nítida para C, durante a dramatização em que desempenhava o papel de uma filha: era "birrenta" na relação com a *mãe* (papel desempenhado por outro elemento do grupo).

Na dramatização, apreendendo o ponto de vista da criança, entrou em contato com o sentimento de falta de afeto, pelo qual era dominada. Como *filha*, C disse que não aceitava a ordem da mãe por achar que ela, no fundo, não a queria bem. Invertendo-se os papéis, C, quando desempenhou o papel de *mãe*, foi, então, capaz de imprimir a este a dose de afetividade antes represada, atuando de maneira mais espontânea.

Durante os comentários, C mostrou ter percebido (na dramatização) o quanto sua insegurança em relação a Z a tornava rígida em suas atitudes.

REFERÊNCIAS BIBLIOGRÁFICAS

1. Bustos, D. M., *O Teste Sociométrico*, Brasiliense, São Paulo, 1979.
2. Milan, Betty, *O Jogo do Esconderijo*, Livraria Pioneira, São Paulo, 1976.
3. Moreno, J. L., *Psicodrama*, Cultrix, São Paulo, 1987.
4. Naffah, Alfredo N., *Descolonizando o Imaginário*, Brasiliense, São Paulo, 1979.

SEGUNDA PARTE

PSICODRAMA MORENIANO COM CRIANÇAS

"Minha mãe nasceu
Sem ser desejada por minha avó.
Minha avó nasceu
In-desejada por minha bisavó.
O tormento de crescer
Como um espinho, ou como
um olho dolorido
Para a outra gente da cidade."
(*J. L. Moreno,* As Palavras do Pai.)

PSICODRAMA COM CRIANÇAS *

Arthur Kaufman
Camila Salles Gonçalves

Procuramos neste trabalho mostrar o modo pelo qual nos relacionamos com crianças no Psicodrama. Alicerçamos nossa postura na concepção moreniana do homem, caracterizada pelo respeito à liberdade e ao potencial de criatividade que os vínculos afetivos tendem a catalisar. Praticamos um estilo de psicoterapia em que a criança escolhe seus próprios temas para as cenas dramáticas, expressando-se através de papéis por ela mesma distribuídos e assumidos, podendo assim ter maior apreensão do "conteúdo" de cada papel e do "estar-no-mundo" por intermédio deles.

Desempenhando um papel estranho, ocupando um lugar inabitual, a criança pode compreender melhor, tanto as características essenciais dos papéis, quanto a relatividade das situações. Desta forma, ela experimenta posições que até então lhe pareciam estranhas ou mesmo incompreensíveis.

I — OBJETIVOS

Segundo a teoria psicodramática, o conceito de saúde mental baseia-se na capacidade de jogar e inverter papéis. Temos como objetivos da psicoterapia propiciar condições para o surgimento de novos papéis e fortalecer os papéis pouco desenvolvidos ou mal estruturados.

---

* Trabalho apresentado no XIV Congresso Nacional de Neurologia, Psiquiatria e Higiene Mental, realizado em Maceió, em 1979. Foram acrescentados alguns comentários que o limite de tempo, para a *comunicação,* no Congresso, impedia.

II — CONTRATO

É realizado um contrato com os pais e um com a criança. Dizemos à criança mais ou menos o seguinte: "Você virá aqui toda semana para trabalharmos juntos; vamos conversar sobre você e sobre as coisas que estão difíceis para você. A gente vai fazer isto usando este material e também fazendo representações 'como se fosse em um teatro', de histórias de 'verdade' ou inventadas". Também combinamos, com a criança, a respeito de termos sessões com os pais. Para estes, explicamos nosso método de trabalho, falamos sobre a possível duração da terapia e combinamos também qual é a melhor forma de eles ajudarem a criança (sessões periódicas, encaminhamento para orientação de pais etc.).

III — ANDAMENTO

São realizadas sessões semanais * de 50 a 60 minutos de duração com a criança e sessões periódicas com os pais (na presença da criança, dependendo das condições **), onde também podem ser utilizadas técnicas psicodramáticas.

IV — TERAPEUTAS

Quanto ao número de terapeutas, praticamos dois tipos de Psicodrama: bipessoal (terapeuta-paciente) ou então casal de terapeutas-paciente, onde se forma um grupo mais próximo daquele de casal paterno.

Citando Widlöcher, "melhor do que fazer uma escolha, importa saber adaptar-se às diferentes fórmulas, e compreender o que elas implicam no plano da transferência e das relações entre os terapeutas" (7, p. 32).

V — MATERIAL

Nosso material lúdico é de uso comum para os diversos pacientes, consistindo em objetos mais estruturados ou menos estruturados. Bonecos, bichos de pano, fantoches, família de bonecos, atmax, carros, isopor, objetos de madeira e de plástico, e algum material para a confecção de objetos: papel, lápis de cor, linha, massinha, clipes, cola, durex, tesoura, palitos de madeira, retalhos de panos etc.

---

* Cujo número varia.

** Dentre essas condições estão a idade e a aceitação da criança.

VI — TÉCNICAS

As técnicas que mais utilizamos são as seguintes:

1) Entrevista: o terapeuta dirige-se à criança ou ao personagem por ela desempenhado, colocando-lhe questões diretas a respeito dela mesma.

2) Diálogo: fala-e-réplica entre os personagens, representados pelo terapeuta e pela criança.

3) Intervenção coloquial: qualquer intervenção dialogal, informação que se proporciona, perguntas, confirmações. Utilizamos principalmente *assinalamentos*, que consistem "em chamar a atenção a respeito de algum signo (sinal) que o paciente emite" (1, pp. 107-109).

4) Duplo: através do corpo e de palavras, o terapeuta expressa os sentimentos que o protagonista não está podendo trazer à tona. O duplo funciona como uma espécie de "consciência auxiliar".

5) Inversão de papéis: utilizada para informar o terapeuta sobre "o papel que deve assumir (troca de papéis informativa) ou para que o protagonista sinta os efeitos de sua conduta sobre o outro" (1, p. 116).

6) Interpolação de resistência: é a modificação, por parte do terapeuta, dos traços característicos do contra-papel que a criança lhe atribui ou a imposição, pelo terapeuta, de um personagem inesperado, colocando o protagonista diante de uma situação nova.

7) Solilóquio: o cliente utiliza "para reproduzir sentimentos e pensamentos ocultos que teve 'realmente' em uma situação (2, p. 175).

8) Utilização de fantoches: a criança utiliza fantoches para dramatizar, escolhendo também aqueles que prefere que o terapeuta utilize.

VII — FASES DA SESSÃO

Mostraram-se necessárias algumas modificações da divisão clássica moreniana:

Aquecimento: geralmente inexistente ou de curta duração. A criança logo se dirige para a segunda fase, a da

Dramatização: de situações reais, sonhos ou histórias inventadas.

Neste último caso, de modo geral o protagonista traz apenas o argumento e algumas das personagens.

Comentários: não acontecem necessariamente após a dramatização. Ressalte-se que, quando o uso de *assinalamentos* e de interpretações é freqüente durante uma sessão, dispensamos esta fase.

EXEMPLOS DE SESSÕES

Diogo, 4 anos

Foi encaminhado pela psicóloga que, na avaliação do aspecto psicomotor, observara sua tendência a movimentar-se de modo extremamente inibido. O encaminhamento foi para *psicomotricidade* *, mas não com a mera proposta de treinamento. Discutindo o caso em equipe, decidíramos iniciar uma *terapia psicomotora* continuando a investigação do aspecto afetivo-emocional.

Na sala em que Diogo foi atendido, estava o mobiliário convencional das salas de Psicodrama com adultos, que consistia em um tablado e bancos, geralmente dispostos em volta. Nos anos 70, os psicodramatistas o adotavam nos consultórios e nas instituições, como a Sociedade de Psicodrama de São Paulo (SOPSP).

1.ª Sessão:

Interessou-se logo pelos bancos cilíndricos de madeira. Perguntou se poderia colocá-los sobre o tablado e, diante da resposta afirmativa, pediu ajuda. Resolveu fazer sua "casinha" (círculo formado por banquinhos) e precisou de auxílio também para calcular a disposição dos bancos em círculo. Quis colocar uma porta na casa e para isso utilizamos uma pequena cadeira. O vão entre o assento e o encosto da cadeira transformou-se em uma janelinha, pela qual dizia que Diogo ainda não estava em casa. Perguntei, então, a que horas chegaria. A partir da resposta "5 horas" resolvi introduzir nessa dramatização a personagem que pergunta "Que horas são?".

"Que horas são?", eu perguntava, andando em volta da casa. Ele ia respondendo desde "uma hora" até a hora estabelecida. Às vezes dava um segundo horário e reiniciávamos a volta. Nunca foi preciso marcar mais do que dois horários para que se decidisse a "sair de casa". Era esse o ritmo do *aquecimento* que podíamos conseguir juntos.

---

* Apesar de sua idade, o encaminhamento priorizou o aspecto psiconeurológico do quadro.

Um dia, propôs que brincássemos de galinha e pintinho. Aos poucos tínhamos uma brincadeira na qual a "galinha" ensinava o "pintinho" a bater asas de vários modos, a pisar firme e a saltar, que continuou nas sessões seguintes.

5.ª Sessão:

Após fazermos a casinha, disse:

"Você era a galinha e você tava me chocando". Segui sua sugestão sentando-me sobre o vão formado pelos bancos que o rodeavam, dizendo algo como "Está bem, então agora a casinha é um ovo e eu sou a galinha e vou chocar o ovo". Depois de alguns segundos, acrescentou: "Agora eu já sei sair do ovo. Você já tinha me chocado...". Levantou-se no meio dos bancos, dizendo: "Agora você ia buscar um brinquedo para mim. Aquele gatinho". Entreguei-lhe o gatinho de feltro, que estava na cesta de brinquedos, perguntando por que não saía do ovo, já que estava pronto. Respondeu: "O pintinho não queria sair do ovo porque tinha medo". Perguntei de que tinha medo. "De cobra e de taturana", foi sua resposta imediata. Propus que escolhêssemos objetos para representar a cobra e a taturana. Foram escolhidos uma corda de pular e um chumaço de lã. Pedi que os colocasse no lugar onde achava que poderiam estar a cobra e a taturana. Deixou-os perto da "casca do ovo", onde voltou a entrar. Chupou o dedo, deitado na posição fetal, brincou com o gatinho, até que resolveu "crescer". Disse: "Agora estou crescendo!". Espontaneamente fazia movimentos corporais que acompanhavam essa afirmação: pôs-se de cócoras, depois ficou de pé, esticando bem o corpo para cima; finalmente pulou sobre os banquinhos e depois saltou para fora da "casca do ovo". Uma vez fora, pisou na taturana, esmagando-a, agarrou a "cobra", apertou-a e, após girá-la no ar várias vezes, lançou-a longe. Limpando as mãos, num gesto de tarefa cumprida, voltou-se para mim e disse: "Vamos agora fazer aquele joguinho?" (o joguinho era um quebra-cabeças pelo qual ainda não mostrara interesse).

Nas sessões seguintes, repetiu a construção da casa, introduzindo modificações cada vez mais esclarecedoras. Na 8.ª sessão, ao sair da casa era picado e envenenado pela cobra. Na 9.ª sessão não era mais um pintinho dentro do ovo, mas um bebê dentro da barriga da mãe. Quando resolvia nascer, mordia a barriga por dentro.

Alguns comentários

Interrompo o relato de momentos de sessões de Diogo no ponto em que aparece a palavra que veicula as fantasias mais primitivas, ligadas à sua angústia. Foram evidenciados sua agressividade oral, o ataque imaginário à mãe (e à terapeuta), a culpa projetada no ambiente, representada pelos bichos que impedem sua movimentação.

A respeito dos mecanismos terapêuticos implícitos devemos observar que não se pode atribuir grande eficácia ao fato, por si só, de ter "posto para fora" (*catarsis*) seus medos. Por outro lado, notemos que o próprio protagonista "sabia" que precisava retornar à "casa-casca" após seu triunfo dramático sobre a "cobra" e a "taturana", que lhe permitira uma efêmera retomada da atitude onipotente, característica de sua idade cronológica.

Diogo dirigiu seu próprio retorno à "casca do ovo", onde os símbolos do continente e do conteúdo estavam longe de serem esgotados. Na seqüência, acompanhamos a expressão de seu "medo de ser picado" se "nascesse", sua "vontade de morder", para nascer. Ao longo de procedimentos dramáticos houve assinalamentos a respeito de sua vontade de morder e da confusão que fazia entre a vontade de morder e o ter mordido de fato *, e, finalmente, facilitação do acesso a informações sobre o nascimento **.

Observemos, na situação descrita, que Diogo iniciava sua brincadeira usando bancos para construir "uma casa". Já utilizava, pois,

---

* Seguramente vislumbramos uma fração mínima daquilo que, do ponto de vista kleiniano, podemos entender como "ansiedade persecutória e medo de retaliação", no caso, resultante dos "impulsos sado-orais". Sobre a teoria que fundamenta esse tipo de interpretação, consulte-se, por exemplo, Klein, M., "Sobre a Identificação" (*in* 4, p. 7).

M. Klein exemplificou, também comentando vários casos clínicos, como "situações de angústia" ligadas a (...) ataques (sádicos) dão origem a delírios de relação e de "perseguição" e como "as fantasias sádicas concernentes ao interior do corpo da mãe constituem uma relação fundamental da criança com o mundo exterior e a realidade". Observa também que "a agressividade — e a angústia decorrente dessa agressividade — não são os únicos fundamentos das relações objetais. A libido também se ativa ao mesmo tempo e faz sentir sua influência. As relações libidinais com os objetos e a influência exercida pela realidade contrabalançam o medo de inimigos internos e externos" (3, p. 174).

** Toda psicoterapia com crianças tem aspectos pedagógicos. Muitas vezes é necessário introduzir vocabulário, dar o nome correto de objetos (principalmente partes do corpo), ajudar a dispor objetos materiais no espaço etc. Quando me deparo com teorias sexuais ou sobre o nascimento, comento com a criança o que entendo *do "que" ela "acha que é"* ou o que *"no faz-de-conta da história era"*. Às vezes, acrescento comentários como os seguintes: "Parece que você está pensando que é assim. Aqui na sala, naquele armário, temos um livrinho que mostra como é *de verdade*". "Na história, que a gente está fazendo, é desse jeito. Depois, se você quer saber como é *mesmo, de verdade*, temos um livro... (etc.). Você pode ver o livro e perguntar o que quiser." Às vezes mostro o livro fechado e o recoloco no lugar indicado, procurando deixar claro que estará disponível para a hora em que a criança quiser dele fazer uso.

a função, que é designada pelo nome de *função simbólica* na Psicologia Genética de Piaget. Mostrava-se capaz de substituir um objeto pelo outro, agir em relação ao objeto integrado (bancos, corda de pular, chumaço de lã) *imitando* a ação que realizaria, se pudesse, com o objeto ausente (casa, cobra, taturana). Mas é claro que o conjunto de objetos ausentes simbolizados não pára aí. Os bancos substituem a casca do ovo, que substitui a "barriga da mãe", que substitui (ou nomeia) o útero. Do mesmo modo, a corda e o chumaço de lã remetem para outros objetos, não tão facilmente identificáveis.

Mostrando a relação entre objetos representados, aponto objetos designados por Diogo, cujo nome, ou cuja identidade sugerida, tive condições de captar, até visualmente (no caso de alguns). É claro que *taturana* e *cobra* não remetem para objetos necessária e imediatamente identificáveis (tais como: pênis, ou fezes, ou vagina).

A ordem linear, segundo a qual menciono objetos nomeados (casa, cobra, taturana) e não nomeados (útero) pela criança, pretende simplesmente exemplificar a *função simbólica*, enquanto aquisição cognitiva, e ilustrar o trabalho com símbolos na psicoterapia. Embora essa função possa coincidir com outras condições mentais, necessárias para que haja também o que Lacan chama de "cadeia de significantes", não se assemelha a essa concatenação que "não equivale à linearidade do significante" (6, p. 130).

Toda criança é capaz de realizar esse tipo de jogo simbólico, esteja onde estiver. O que as teorias psicológicas têm feito, a partir da Psicanálise, é procurar o *sentido* inconsciente das *representações* *.

A "corda-cobra", por sua forma e pelo atemorizante poder de interditar de que é investida, poderia, a partir de uma leitura simplificada dos símbolos, ser imediatamente identificada com o *falo*, que "para a criança, na sua subjetividade, marca a presença do pênis" (6, p. 130). Uma constatação desse tipo serviria apenas para ilustrar teorias, de modo extremamente rudimentar. Na prática, nenhum profissional impõe à criança a interpretação de um símbolo como se este remetesse univocamente ao significado. Para prosseguir a discussão do ponto de vista teórico, seria preciso percorrer teorias psicanalíticas que se opõem no que diz respeito "à ordem das repre-

---

* Aqui são *representações* (Vorstellung) na acepção psicanalítica mais ampla comentada por Laplanche-Pontalis, designando "o que do objeto se vem inscrevendo nos 'sistemas mnésicos'" (5, p. 582). O sentido é, pois, bem diferente de *representação* (teatral) equivalente à dramatização. Reconhecemos que é difícil distinguir, no Psicodrama com crianças pequenas, entre *jogo espontâneo* e *brincadeira* e *dramatização*. Propomos, nesse caso, chamar de *dramatização* o(s) momento(s) em que são distribuídos papéis.

sentações imaginárias". Essa é tarefa que, neste momento, escapa a meu intuito.

Edson, 6 anos

Edson fazia uma fileira de banquinhos para representar o ônibus da escola. Propôs o seguinte início para a dramatização: quando a professora (terapeuta) começasse a guiar o ônibus, Bob (nome que dava a seu personagem) deveria apossar-se do veículo. Na cena, empurrava-a para fora; depois, dirigindo o ônibus, atropelava-a, batendo nela etc. Depois carregava-a desmaiada para dentro do ônibus. Ainda no papel da professora, que voltava a si dentro do ônibus, a terapeuta devia mostrar-se surpresa e indignada, segundo suas indicações.

Edson era uma criança ainda sem condições de aceitar a *inversão de papéis*. Quando propúnhamos essa técnica, permanecia apenas por alguns segundos no papel complementar (professora) daquele que assumira inicialmente (aluno). Portanto, para desempenhar o papel de professora utilizávamos cortes constantes, para que ele dirigisse nossa atuação.

Após um certo número de repetições desse círculo vicioso entre os personagens, tentávamos modificar os traços de personalidade que estabelecera para o personagem professora (*interpolação de resistência*). Não aceitava e interrompia a dramatização. Optamos, então, por acrescentar uma nova *interpolação*: "perda de memória" da professora (*jogo do desmemoriado*), que ocorria após um atropelamento ou um soco. A professora desmemoriada "adorava passear com seu aluno que guiava o ônibus e ficava encantada com seus itinerários". Iam geralmente até o Japão.

Edson pôde aceitar a mudança radical de seu personagem a partir do momento em que lhe entregamos o controle da própria mudança. Assim, "no Japão", dizia: "Agora você se lembrava!". A terapeuta seguia sua consigna e entrava no papel de professora inimiga, "furiosa por estar no Japão".

Aos poucos, Edson foi fazendo aumentar a participação da professora amiga nas aventuras de Bob. Levava-a para passear no castelo, para nadar na sua piscina. Aí atirava-se na piscina e ficava de boca aberta, querendo beber toda a água, e começava a se afogar. A professora amiga salvava-o e ele resistia. Esse jogo de "correr perigo de vida e ser salvo" assumiu várias formas. Por exemplo, um personagem invisível o envenenava e a professora amiga trazia o antídoto.

Alguns comentários

Além de jogar novos papéis, Edson pôde experienciar a situação de se deixar auxiliar dentro de um novo *modelo relacional*. Esse "modelo" consiste no conjunto de operações realizadas pelo cliente e pelo terapeuta visando a constituição de um relacionamento menos comprometido com os estereótipos de comportamento.

Para Bustos, "como experiência interpessoal corretiva, a psicoterapia facilita a melhora das relações interpessoais através de mudanças geradas no mundo interno do paciente, também através da introjeção do modelo terapêutico" (1, p. 63).

Parece que, através das novas possibilidades de interação, propiciadas pela brincadeira criada — a *técnica do desmemoriado* —, Edson pôde manifestar, além da agressão e de fantasias sádicas, a fantasia relacionada, e o medo de ter introjetado algo envenenado (por sua própria raiva) e pedir socorro para enfrentar seu conflito.

Mário, 10 anos

(Sessão de reinício da terapia após parada de 8 meses.)

Mário entrou sorrindo, meio inibido. Soubera apenas no dia anterior que voltaria a freqüentar as sessões.

Cena 1 — Mário no quarto; Mãe (Mário) no outro, mãe liga o interfone:

Mãe : "Mário, venha até aqui!"
Ele vai até o quarto dela.

Mário : "Que éééé?"

Mãe : "Amanhã você vai prá terapia; primeiro o judô, depois ponha o uniforme da ginástica e chegue lá às 4 e meia, não se atrase."
Mário sai resmungando baixo *.

Cena 2 — Chega um amigo, que ele chama de Marcelo (papel desempenhado por Camila). Mário conta para Marcelo que vai à terapia no dia seguinte. Ficam os dois no quarto, brincando, e Mário quebra o interfone.
Mãe (Arthur) liga várias vezes o interfone e dá uma bronca em Mário porque ele não atendeu logo. Marcelo está escondido debaixo da cama, pois a mãe não pode saber que ele está lá; entretanto, ela o descobre e vai ligar para a mãe do Marcelo, queixando-se de seu filho.
INVERSÃO: Mário faz a "mãe" e Arthur faz o "Mário".
Mário (Arthur) chega por trás, desliga o telefone, e a

* Pedimos que fizesse *solilóquio*, ele se recusou.

mãe, após dar uma "grande bronca" *, vem bater nele. Nova INVERSÃO: Mário (no seu papel) desliga, leva a bronca e mostra a língua, enfrentando a mãe.

Cena 3 — A cena é mudada, agora Mário faz o papel de uma "mãe legal". Ela explica com paciência para Mário (Arthur) que ele vai amanhã à terapia. Concorda em não telefonar para a mãe de Marcelo e permite que este jante também. Tudo vai bem até que Mário e Marcelo (Arthur e Camila) resolvem usar o aparelho de som e vão pedir autorização à mãe (Mário).

Mãe (Mário): "Não posso deixar, porque não sei mexer, o aparelho não é meu, é de seu pai; ele só chega às 8 e aí você pede".

Os meninos insistem e ela começa a perder a paciência. Mário (Arthur) desliga a luz ("chave geral"). Mãe fica bravíssima, liga para a mãe de Marcelo, põe Marcelo prá fora e telefona para o pai (Camila) para se queixar. Pai "berra" que vai chegar logo. Pai chega.

ARTHUR PASSA A SER A MÃE E MÁRIO PASSA A SER O PAI.

Pai irado, descontrolado, dá uma surra em Mário (Camila), com mãe apoiando, e liga para o colégio interno. Faz a matrícula por telefone na classe tipo A, "a mais dura, onde os alunos apanham". Mário é levado "de ambulância" para o colégio, em "camisa-de-força".

Cena 4 — Já no colégio, Mário é encontrado numa cela, ajoelhado e com as mãos atadas nas costas.

INVERSÃO DE PAPEL: (Agora ele é o pai.) Pai chega com uma "trouxinha de roupas" e joga-a na cela. Aproxima-se da portinhola da cela e grita:

"O seu lugar é aí mesmo!".

Abraçamos Mário e ficamos os três conversando sobre o que havia acontecido.

Alguns comentários

Em sua fala, a "mãe" (mãe internalizada) refere-se à terapia como uma *tarefa* dentre várias outras (judô etc.). A reação de Mário, "sair resmungando baixo", parece se dar diante de uma situação

---

* Não descrevemos passo a passo o modo pelo qual Mário foi criando as cenas e as falas. Esta expressão — "grande bronca" — é um exemplo de como ele propunha, para os terapeutas, a forma de agir característica no desempenho de cada papel.

caracterizada por uma espécie de "burocratização" de sua vida cotidiana e pela pouca afetividade. A "mãe" menciona uma programação e comunica-a de forma indireta (pelo interfone).

A resistência à terapia, atividade descaracterizada, em um programa de atividades aparentemente imposto, é também expressa pelo resmungar. Por outro lado, a dramatização revela fantasias relacionadas com a resistência, como o medo da confirmação da "loucura"; as cenas finais evidenciam o sofrimento, a culpa de Mário, quando se vê à mercê de sua impulsividade.

A necessidade de punição para aliviar a culpa mostra-se na fantasia de "final infeliz".

Falamos os três sobre a procura de outro modo de lidar com a impulsividade, que não a necessidade de martírio, realizada através de castigo corporal e confinamento (única forma de contenção que concebia).

REFERÊNCIAS BIBLIOGRÁFICAS

1. Bustos, Dalmiro M., *Psicoterapia Psicodramática,* Paidós, Buenos Aires, 1975.
2. Erikson; Ackerman; Bach; Moreno e outros, *Técnicas de Psicoterapia en Accion,* Hormé, Buenos Aires, 1974.
3. Klein, Melanie, *Psicanálise da Criança,* Mestre Jou, São Paulo, 1969.
4. Klein, M.; Heimann, P.; Money; Kyrle, R. E., *Temas de Psicanálise Aplicada,* Zahar, São Paulo, 1969.
5. Laplanche, J. e Pontalis, J. B., *Vocabulário de Psicanálise,* Martins Fontes, Santos, 1979.
6. Vallejo, A. e Magalhães, Lígia C., *Lacan: Operadores da Leitura,* Perspectiva, São Paulo, 1981.
7. Wildlöcher, Daniel, *Psicodrama Infantil,* Vozes, Petrópolis, 1970.

DUAS SESSÕES COM MENINAS *

Camila Salles Gonçalves

PERSEGUIÇÃO NO ESPAÇO

Diana, 12 anos

Diana propõe que comecemos a dramatização: — Vamos, vá, você lembra como é **. Respondo que o importante é dramatizarmos a história "*como* ela se lembra *agora*".

Diana: — Você foi assistir à "Galáctica"?***

Terapeuta: — Ainda não, mas posso dramatizar com você a *sua* história da "Galáctica", do jeito como você se lembra dela *hoje*.

Diana: — Nós duas estávamos discutindo porque uma queria dominar a outra, uma queria dominar a nave da outra.

Terapeuta: — Ah... então, do jeito como você lembra na sessão passada, fazíamos os papéis de duas... **** e uma queria dominar a nave da outra.

---

* Estes relatos foram extraídos do trabalho *Psicodramatista, Mulher e Criança*, apresentado na SOPSP, em 1981. O objetivo de retomar a comentar estas sessões é mostrar os recursos de que dispõe o *Psicodrama moreniano*, isto é, o Psicodrama possibilitado pela adaptação, à criança, das técnicas utilizadas por Moreno. A adaptação é necessária porque ele não nos deixou exemplos de como realizar sessões de terapia com crianças *sem programar* a sessão e respeitando sua espontaneidade.

** É freqüente que as histórias continuem de uma sessão para outra, numa seqüência que é muito semelhante à da novela em capítulos, o que não ocorre apenas no Psicodrama; algo muito semelhante pode ser encontrado em relatos de sessões de Melanie Klein. Também é freqüente que a criança solicite que o terapeuta continue nos papéis, que para ele designou na sessão anterior, e proponha que se inicie a dramatização, sem maiores explicações. Faz-se necessário, em nome da manutenção da "brecha entre fantasia e realidade", promover, às vezes, um processo de "desaquecimento".

*** A sessão anterior começara também com lembranças de Diana a respeito do filme: naves espaciais etc.

**** Na sessão anterior, o meu papel era o de um ser de outro planeta, sem forma e sem sexo definido. Deliberadamente deixei a frase incompleta.

Diana: — Eu era a Line e você era a Lise.

Diana distribui os papéis:

Line — a mocinha da nave espacial "Galáctica", a única tripulante sobrevivente, pois todos os outros tinham sido destruídos pelas naves inimigas.

Lise — a comandante da nave inimiga.

Escubidu — o cachorro de Line. É "marcado" * por um carrinho de plástico.

Diana determina que Line tem uma arma de raio *laser*. Quando ela disser "ZIT" e fizer gesto de atirar, Lise (terapeuta) deverá desmaiar.

Terapeuta: — Como vamos começar hoje?

Diana esclarece que Escubidu está perdido (e procura sua dona pelo planeta em que se encontram).

Peço que entre no papel de Escubidu.

Escubidu (Diana) anda de quatro pela sala, tem um olhar perdido, desamparado.

Terapeuta: — E aí?

Diana, saindo do papel: — A Lise estava furiosa, procurando a Line.

Peço que mostre *como*.

No papel de Lise, Diana chuta o Escubidu (carrinho), e exige que ele lhe mostre onde está Line. Diana interrompe-se para narrar:

Diana: — Aí chegava a Line (subentenda-se, para salvar Escubidu, que está sendo surrado a pontapés) e a Lise começava a perseguir ela.

Assumimos os papéis de Line (Diana) e de Lise (terapeuta) e mantemos o carrinho "marcando" o papel de Escubidu.

Diana propõe dramatizar a perseguição, repetindo a mesma situação encenada em outras sessões: Line esconde-se e Lise, furiosa, procura-a; quando a enxerga, corre atrás dela. Enquanto está no papel de Line, escondida atrás de banquinhos empilhados (que repre-

---

* O brinquedo é usado para "marcar" no espaço dramático o lugar da personagem e também serve para *representá-la*, quando a protagonista exerce alguma ação sobre esta, que não pode ser realizada com (ou contra) o *ego auxiliar*.

sentam árvores, pedras de um planeta), tem o mesmo olhar de vítima de Escubidu; até a posição é semelhante, pois se agacha.

Quando é descoberta por Lise, consegue, por *instantes* apenas, erguer-se e assumir sua própria estatura (é uma menina com corpo de mulher, grande — 1,66 m e forte). Logo em seguida tende a se curvar corporalmente na postura de vítima, parecendo alguém que apanhou, ou que está apanhando. Quando reage em relação à perseguição representada por Lise (papel representado pela terapeuta seguindo suas indicações), corre um pouco, mas logo cai ou se encurrala para apanhar mais.

Decido romper o círculo vicioso, e evitar a "satisfação" masoquista na brincadeira, criando uma "amnésia" em Li*s*e, a perseguidora, modificando radicalmente os traços do personagem (*interpolação de resistência* *). Faço Lise tornar-se muito parecida com Escubidu-Li*n*e — perseguida. Mas se, por um lado, a transformação que assumo no desempenho do contra-papel funciona, nesse sentido, como um "espelho" ** (também da expressão corporal que Diana costuma apresentar) da maior parte dos papéis que joga, falta ainda o *"duplo"* (verbal) dessa figura de vítima.

A *deixa*, para que surja a "amnésia" de Li*s*e, é um tiro de raio *laser* que Li*n*e acerta nela, após o qual Li*s*e deveria desmaiar.

Atuo no papel modificado de Lise (após o raio), agachando-me, rastejando, escondendo o rosto assustado atrás dos banquinhos.

Lise (terapeuta): — Onde estou? Que lugar é este? Tenho medo. A senhora vai bater em mim? Não vai me deixar aqui sozinha, não é?

Há, a partir daí, vários desempenhos de papéis e inversões, que procurei resumir.

Não pedi a Diana que entrasse novamente no papel de Escubidu. Quando ela o fazia, mostrava-se passiva, beirando o masoquismo. Quando eu assumia o papel de Escubidu, Diana, no papel de Lise, era extremamente agressiva, sádica, e era necessário colocar rapidamente um objeto no lugar do personagem representado para não receber efetivamente a agressão. Não achei conveniente utilizar *"interpolação de resistências"* mudando a forma de reagir de Escubidu,

* A modificação é realizada deliberadamente pela terapeuta no papel para ela designado pela criança.

** A função da técnica do *espelho* de Moreno é facilitar, para o protagonista, a percepção das características do papel que ele está desempenhando.

pois essas tendências precisavam ser expressas. Por outro lado, quando havia confronto, luta, medição de forças, tornava-se difícil distinguir as duas figuras que se chocavam na dramatização. Uma acabava espelhando a outra, mas tudo se desenrolava impulsivamente, sem que houvesse condições de estabelecer a distância necessária para a utilização da técnica do *espelho.*

Diana titubeia, mas assume o complementar, furiosa e ameaçadora.

Line: — Você pensa que não sei o que você fez? Você queria dominar a "Galáctica"! Agora você vai ver.

Lise: — Eu não lembro, mas eu juro que não faço mais, por favor, me leva embora daqui, eu tenho medo!

Diana joga um pouco o complementar e pede-me que "volte" da amnésia. Concordo.

Line (Diana) então enfrenta melhor a primeira Li*s*e (perseguidora), acusando-a de querer conquistar a "Galáctica" e, *em pé, sem fugir.*

Durante luta corporal travada em condições de igualdade (uma bate na almofada da outra, com uma das mãos, enquanto a outra mão se contém em tensão), recaio na *"amnésia"*.

O diálogo foi semelhante ao anterior, mas prolongado:

Li*s*e-menina-amedrontada (terapeuta) implora a Li*n*e que a recolha em sua nave espacial, e pede que não bata, que a proteja.

De volta ao papel de Li*s*e (Inversão), Diana continua a fala iniciada pelo duplo.

RESUMO DAS CENAS SEGUINTES

A perseguidora (Diana) foi se "amansando" aos poucos. A mudança desse personagem, em interação com a Li*s*e criança (terapeuta), foi de grande intensidade dramática. (Infelizmente não descrevi passo a passo a relação que foi surgindo entre esses dois papéis.)

Li*n*e (Diana) acabou recolhendo a menina em sua nave espacial, alimentando-a, indo buscar uma televisão para ela. (Diana queixara-se de que, durante muito tempo, a mãe não a deixava ver televisão, como castigo); e passou a andar protetora, de mãos dadas com a "menina".

Depois Diana criou um outro personagem, cujo papel desempenhou — o Capitão Marvel —, que ajudou L*ine*-amiga-protetora a buscar a TV e a tomar outras providências para auxiliar a criança (terapeuta).

Por meio de *inversão de papéis,* como L*ine*-protetora (terapeuta) e Capitão Marvel (Diana), adotamos psicodramaticamente a menina Lise (Diana), segundo a direção de Diana.

ALGUNS COMENTÁRIOS

Quais são os pressupostos da *"interpolação de resistência"*?

Segundo Rojas-Bermúdez (1, p. 41), *"interpolação de resistência"* "é a modificação, por parte do Diretor, da cena proposta pelo Protagonista". A técnica do *"desmemoriado"*, na sessão de Diana, levou ao extremo oposto os traços que a protagonista imprimira ao papel de Lise. Sem dúvida essa é uma das formas de *"interpolação de resistência"*.

Essa criação não consta da lista de técnicas descritas por Moreno (3, p. 137) e só a encontramos no protocolo sobre "comportamento neurótico infantil" *. À primeira vista, parece difícil a utilização, por Moreno, de um recurso desse gênero, pois concebe o protagonista como sendo "ele mesmo sua suprema autoridade" (3, p. 110). Ser o protagonista moreniano implica não sofrer coação de espécie alguma, "em atuar... como se lhe ocorra". Na medida em que o próprio terapeuta contraria o protagonista com sua atuação, parece perder-se o ideal supremo, a liberação da espontaneidade. Os objetivos então parecem ser escolhidos por alguém que, na relação, parece ter optado por prescrever os caminhos da adaptação a seus próprios valores, que, nesse momento, são os valores da autoridade.

Representar o papel de autoridade, atitude que pode parecer ocasionalmente, a nós terapeutas, um mal necessário, que não afeta o vínculo baseado na *compreensão,* é algo que merece um exame mais detido.

A propósito, Gérard Mendel, sociopsicanalista da Autoridade, adverte-nos:

---

* Na introdução, à última parte deste livro observo que, nessa sessão, Moreno programa uma espécie de condicionamento do comportamento da criança.

"Se a autoridade é um despossuir mais e mais acentuado à medida que descemos a escala hierárquica, poderemos então dizer que a escala é depositada sobre as costas da criança e que é, sobre ela, o desapossado total, que vão se elevar todos os detentores da Autoridade" (2, p. 19).

Quando se dispõe a desempenhar papéis ("internos") imaginados pela criança, como é o caso da perseguidora Lise, o terapeuta pode se ver às voltas com o problema dos limites da satisfação que a brincadeira dramática pode trazer. Na fantasia vivida, o *ego auxiliar* precisa evitar o risco de complementar e satisfazer papéis sádicos ou masoquistas do protagonista. Por outro lado, modificando o *contra-papel* psicodramático, não pode impor um papel mais correto ou adequado segundo suas próprias convicções e valores.

Na dramatização com Diana, procurei *interpretar* um "novo" personagem, contrariando a direção da garota. Emprestei a *Lise com amnésia* sentimentos que julguei ter captado em Diana, a partir de um *contra-papel* que me era desconfortável. Mas eu não poderia querer ensinar a ela *como* agir.

Diana passou a controlar as "amnésias" do personagem, pedindo o papel complementar que mais lhe convinha. As crianças dominam facilmente certas técnicas psicodramáticas, e as utilizam, às vezes com muito humor, "virando o feitiço" contra o terapeuta. Foi assim que Jonathan Moreno mostrou a sua mãe, Zerka, que também podia tirar partido da proposta de *inversão de papéis*, para transgredir os limites que ela impunha.

Pessoalmente considero estimulantes essas situações caricaturais e, sobretudo, aquelas que levam a questionar a *direção* psicodramática. Parece-me salutar a atitude de crianças que, diante da *interpolação de resistência*, optam por jogar, contracenar com os contra-papéis "antigo" e "novo" desempenhados pelo terapeuta. Penso que ao assumir a *direção*, escolhendo o momento em que aparece este ou aquele personagem, por exemplo, a vítima ou o algoz, o protagonista está mais consciente de suas tendências, mais em contato com o modo pelo qual estas atuam sobre ele e sobre sua forma de se relacionar. O *choque dramático* causado pela "resistência" do *ego auxiliar* ao círculo vicioso facilita o reconhecimento dos aspectos inconscientes dos papéis imaginários. Além disso, deixa de *fortalecer* o papel estereotipado, que não só perde consistência quando não encontra o complementar, mas também deixa de ser satisfeito.

O SACRIFÍCIO

Ângela, 10 anos

Conta que uma colega da escola vai conseguir uma bolsa para estudar "fora" (no exterior) e que, ao saber disso, sua mãe ficou de procurar a mesma coisa para ela. Acha que, se conseguir a bolsa de estudos, vai ter momentos difíceis "lá fora", às vezes chorar de saudades, mas que valerá a pena, pois voltará uma moça "mais educada, mais fina". Em seguida, comenta que passou o último fim de semana no Guarujá, diz que foi ótimo, "só que" ficou com medo da macumba, que foi assistir na praia, com a mãe. As danças lembravam-lhe índios assustadores. Pergunto se gostaria de fazer uma dramatização. Aceita imediatamente e propõe que sejamos índios.

Dançamos no tablado, com trejeitos de macumba.

Ângela foi propondo todas as cenas e situações descritas a seguir, co-dirigindo a sessão. A minha direção consistiu principalmente de *inversões de papéis* e em entrevistas.

Os índios vão fazer um sacrifício.

Ângela constrói uma espécie de altar com banquinhos. Ajoelhadas, pronunciamos as palavras rituais: "Ó Iansã, aceita esse sacrifício!". O sacrifício consiste em espetar um porco (almofada) com punhais. Peço que desempenhe o papel de porco *. O porco geme. Pergunto como lhe aconteceu de ir parar naquela situação **. Responde que morava em uma fazenda, mas que foi expulso pelo dono, tendo então sido capturado.

Peço que faça o papel de fazendeiro e entrevisto esse personagem, não sem antes lhe relatar o que estava se passando com seu porco. O fazendeiro diz que não vai fazer coisa alguma para impedir o sacrifício do porco, pois tem boas relações com os índios, com os quais negocia seu gado e que, além disso, está mesmo precisando expulsar esse porco, que é muito sujo e come demais.

Ângela propõe-se a fazer também o papel de mulher do fazendeiro (cria no momento mais este personagem) e vai até a cena do sacrifício.

A mulher do fazendeiro contempla o porco, diz que ele vai morrer mesmo, que só vai exigir que o chefe da tribo lhe entregue o corpo, para enterrar na sua fazenda. Discute com o chefe da tribo (terapeuta), diz que o corpo lhe pertence.

Invertemos papéis e, no papel de chefe, Ângela aceita a exigência da fazendeira. Peço que volte ao papel de porco.

---

* Usamos uma sala onde havia tablado, onde se iniciava a dramatização.

** Técnica de *entrevista* (Bustos): durante a dramatização o terapeuta, na função de diretor, faz perguntas ao protagonista.

Pergunto ao porco o que vai fazer. Responde que vai morrer e geme. Dou, então, consignas rápidas: — Agora você vai morrer. Agora você está morto. Onde você está?

Porco: — Agora vai ter um julgamento.

Diretora: — Como é o julgamento?

Porco: — Deus vai pôr na balança.

No papel de Deus, Ângela pesa as boas e as más ações do porco e o absolve. Diz que como foi um porco bom, ele poderá ter outra vida e *"ser quem ele quiser"*. Peço que volte ao papel de porco.

Diante de Deus *, o porco diz que agora quer ser "uma mulher, aliás, uma menina".

A sessão termina, digo a Ângela que poderá continuar a história na próxima, se quiser.

Na sessão seguinte, Ângela começa assumindo o papel de mulher do fazendeiro, que tinha uma filha, e que acabou se desquitando deste e ficando com a menina. A partir daí trabalhou com sua problemática de relacionamento com a mãe e o pai, sendo as situações dramatizadas cada vez mais semelhantes às de sua vida real.

ALGUNS COMENTÁRIOS

Esta sessão de Ângela sugere o modo pelo qual o forte sentimento de rejeição e a culpa ("porco sujo", "come muito") a estavam impedindo de se situar diante da iminente separação dos pais. Via-se sem saída, em ambiente extremamente hostil.

Utilizou a dramatização de modo muito "saudável", quando o papel de vítima não foi complementado. A espécie de "auto-avaliação", que realizou espontaneamente, correspondeu também a uma atitude mais tolerante consigo mesma, a partir da qual fez aliança com uma "mãe" *quase* "suficientemente boa".

REFERÊNCIAS BIBLIOGRÁFICAS

1. Bermúdez, Jaime G. Rojas, *Introdução ao Psicodrama*, São Paulo, 1977, p. 41.
2. Mendel, Gérard, *Pour Décoloniser L'Enfant*, Payot, Paris, 1971.
3. Moreno, J. L., *Psicoterapia de Grupo y Psicodrama*, Fondo de Cultura Economica, México, 1966.

MATRIZ DE IDENTIDADE E DESENVOLVIMENTO AFETIVO-EMOCIONAL — DOIS ESQUEMAS —

Rossana A. Roriz da Veiga Jardim

Os esquemas aqui apresentados comparam sínteses dos resultados da observação e de teorias de dois autores. Partindo de pontos de vista, de instrumental teórico e de práticas diferentes, cada um deles traçou as linhas básicas de processos de crescimento. Moreno, interessado no processo de definição da *identidade* dentro do ambiente afetivo-emocional da criança e relacionado com o social. Gesell, realizando um estudo minucioso das características de comportamento próprias de cada idade, dentro de áreas diferentes *.

Na prática com crianças é imprescindível levar em conta vários aspectos de seu desenvolvimento (neurológicos, motores etc.) dentro de cada estádio evolutivo. Procuramos mostrar como estes correspondem a fases da construção individual do modelo de *identidade*, embora não se trate da mesma coisa.

A teoria moreniana não tinha por objetivo transformar a *matriz de identidade* em uma nova psicologia do desenvolvimento. Moreno não foi buscar em Gesell as bases para suas hipóteses sobre o processo de identidade; apenas cita "Infancy and Human Growth", de Gesell, na bibliografia que apresenta em seu livro *O Psicodrama* (8, p. 488).

É, principalmente, para quem, na sua atividade profissional, faz estudo psicológico e/ou a terapia psicodramática com crianças

---

* São quatro:
1) comportamento motor;
2) comportamento adaptador (capacidade de apreender elementos significativos de uma situação e de utilizar a experiência presente e passada na adaptação a novas situações;
3) (comportamento de) linguagem;
4) comportamento sociopessoal (reações individuais às outras pessoas e à cultura social).

que pretende ter utilidade esta breve comparação. O esquema permite discriminar faixas etárias que podem ser relacionadas (sem serem equivalentes) com fases da *matriz de identidade* (M.I.). Indica características de desenvolvimento da criança em cada etapa.

É possível acompanhar exemplos concretos que "ilustram" o processo de *matrização de identidade*, sem pretender substituir seu sentido. O excelente trabalho de J. Fonseca (3, pp. 83-103) descreve minuciosamente as fases da M.I., ilustrando-as sob forma gráfica. Esse esquema limita-se a trazer imagens de crianças agindo e iniciando seus vínculos afetivos. Não resume todos os aspectos das diferentes áreas observadas por Gesell. Destaca apenas aqueles que sugerem o processo de desenvolvimento afetivo-emocional relacionado com o ambiente.

Moreno define a *matriz de identidade* como "a placenta social da criança, o 'locus' em que ela mergulha suas raízes" (8, p. 114). A M.I. representa o grupo social e o ambiente que acolhe a criança, satisfaz suas necessidades fisiológicas, psicológicas e sociais. Enquanto matriz ("que dá origem (a alguma coisa), lugar onde alguma coisa nasce ou é gerada") (6, p. 895); "molde sobre que ou dentro de que se forma qualquer coisa, que tome feitio desse molde" (6, p. 662), apresenta ao indivíduo modelos de conduta, transmite a herança cultural do grupo e o prepara para sua adaptação à sociedade.

O primeiro processo de aprendizagem emocional da criança tem seu início na M.I. É nela que a criança encontra a orientação mais ou menos segura para o processo de descoberta e adaptação, num mundo ainda inexplorado, e se estabelecem *marcas*, sobre as quais se inscreverão registros afetivos posteriores e que representam a causa determinante na constituição das perspectivas e relações do indivíduo com o mundo.

Moreno afirma que as cinco fases vivenciadas pela criança no decorrer de seu processo de desenvolvimento "representam a base psicológica para todos os processos de desempenho de papéis e para fenômenos tais como a imitação, a identificação, a projeção e a transferência" (8, p. 112).

Ele classificou em três e subdividiu em cinco as fases que a criança atravessa no decorrer de seu desenvolvimento na M.I.: 1) Matriz de Identidade Total; 2) Matriz de Identidade Total ou Realidade Total; 3) Matriz da Brecha entre a Fantasia e a Realidade. A 1.ª e 2.ª fases correspondem ao *primeiro universo*, e a 3.ª fase, ao *segundo universo*. As cinco fases são: 1) a outra pessoa é, formalmente, uma parte da criança, isto é, a completa e espontânea identidade; 2) consiste em que a criança concentra a sua atenção na outra e estranha parte dela; 3) consiste em separar a outra parte da continuidade da experiência e deixar fora todas as demais partes, incluindo ela mesma; 4) consiste em que a criança situa-se ativamente na outra parte e representa o papel desta; 5) consiste em que a criança representa o papel da outra parte, a respeito de uma outra pessoa, a qual, por sua vez, representa o seu papel. Com esta fase, completa-se o ato de inversão de identidade.

O estudo comparativo levou-nos a concluir que é coerente com a teoria de Moreno supor que a criança inicia a *inversão de papéis*, vivência que caracteriza a última fase do desenvolvimento da M.I., por volta dos três anos.

Para ele "a primeira grande área de existência humana que se estende por cerca de três anos de vida parece pertencer a um domínio, um mundo próprio. Tem características muito diferentes dos tipos de experiência que a criança tem depois que o passado e o futuro começam adquirindo uma configuração mais específica e a brecha entre fantasia e realidade inicia duas tendências basicamente diferentes de processos de aquecimento preparatório. Portanto, parece ser um útil constructo teórico considerarmos o primeiro universo uma *idade* distinta e especial da vida, tal como o são também na infância, a adolescência, a idade adulta e a velhice" (8, pp. 117-118).

Moreno faz outra referência quando relata, juntamente com Zerka, episódios vividos por eles e por seu filho Jonathan. Estes traduzem experiências de *desempenho de papéis* e de *inversão de papéis* "e se referem a um determinado período na vida de Jonathan, entre seus 24 e 36 meses" (9, p. 219).

Fonseca expressa uma opinião semelhante, pois, para ele, esta fase "começa muito cedo, ao redor do 2.º-3.º ano de vida, e segue um longo processo que chega ao seu cume na vida adulta" (3, p. 97).

A observação de centenas de bebês e crianças habilitou Gesell para determinar as tendências aproximadas de comportamento de várias faixas etárias. Para ele, existem uma seqüência e um plano básico de desenvolvimento da criança ligados a uma tendência central que é inerente à evolução da própria espécie humana. Reconhece, entretanto, que o fator de individualidade é tão poderoso que não permite que duas crianças da mesma idade sejam exatamente iguais.

1.º Universo

Matriz de Identidade Total

Criança, mãe e mundo constituem um todo inseparável, isto é, completa identidade

MORENO	GESELL
Nascimento	
— Grau máximo de aquecimento preparatório do ato espontâneo. Passa de um estado de sono constante para um gradual despertar. Não é trauma, mas estágio final de um ato preparado.	
Recém-nascido	
— Dispõe do *fator* "*e*" (espontaneidade) que o habilita para situações novas. Dispõe do *fator* "*T*" (tele).	— *Dispõe de mecanismos de auto-regulação.* — Desenvolve a percepção à medida que amadurecem as células nervosas, sensoriais, motrizes e conectivas.
	4 semanas
— Criança identificada com o mundo, incapaz de distinguir pessoas e objetos existindo separados dela. Outro percebido como parte de si mesma e ela percebida como extensão do outro.	— Dorme a maior parte do dia. Dá mostras de satisfação quando suas necessidades são atendidas. — Orientação limita-se à satisfação das suas necessidades e suas experiências sensoriais e motoras.
— "Instrumentos" ligados à mãe e à criança (seio, mamadeira, mãos, boca) experimentados como fazendo parte de *um só ato*.	— *Choro associado a algum sinal de desconforto* (*fome e quando molhada*). — *Indícios de volição.* — Mantém os olhos numa posição fixa. Fica atenta ao rosto humano quando este surge em seu campo de visão. Face humana associada à supressão de desprazer. — Olha fixamente para luzes e janelas.

1.º Universo
Matriz de Identidade Total
Criança, mãe e mundo constituem um todo inseparável, isto é, completa identidade

MORENO	GESELL
	8 semanas
— Experimenta todos os objetos e pessoas como coexistentes com ela e a si mesma como coexistente com esses objetos.	— Acompanha movimentos. Aprecia ver pessoas se deslocarem. — Segue a face humana com os olhos (Spitz).
(*Indiferenciação* (*3*).)	*16 semanas*
	— Períodos de vigília mais longos. — Mais atenta ao seu ambiente do que a si mesma. Capacidade de percepção mais desenvolvida. Percebe sons, principalmente a voz humana. Reconhece a mãe. Torna-se mais expressiva. "Arrulha, ri baixinho, gorgoleja e até dá gargalhadas" (4, p. 98). Vocaliza muito, "conversa" consigo mesmo e com a mãe. Responde ao sorriso com satisfação (Gestalt sinal — Spitz). Demonstrações de exigências de um maior convívio social. — *Olha para a própria mão. Dedilha dedo com dedo numa lição de autodescoberta: tocar e ser tocado.*
— Começa a ficar menos dependente dos egos auxiliares com o desenvolvimento das funções de alimentação, eliminação e a capacidade de "agarrar" objetos.	— Agarra objetos, aprecia-os, explora-os, leva-os à boca.
	28 semanas
— Paralelamente ao desenvolvimento das capacidades perceptivas ocorre o desenvol-	— Interpreta (sem complexidade mas com apuro) as expressões faciais, as atitudes,

1.º Universo

Matriz de Identidade Total

Criança, mãe e mundo constituem um todo inseparável, isto é, completa identidade

MORENO	GESELL
vimento do *fator T.* Neste momento, o *fator tele* é indiferenciado. (Interessa-se por qualquer pessoa.)	as idas e vindas da rotina familiar. — Sensação de tranqüilidade. Brinca sozinha, cria amizades com facilidade. Simpática para com pessoas conhecidas e tímida para com estranhos.
— Apesar do desenvolvimento dos receptores visuais, auditivos, sensoriais etc., não consegue estabelecer relações efetivas com pessoas e objetos, pois não tem ainda capacidade para diferenciá-los como internos ou externos em relação a si mesma.	— Passa facilmente de uma atividade individual para uma com outras pessoas. — *Está quase sentando sozinha.* — *Quer ver o que se passa e apoderar-se de qualquer objeto.* — *Tem ânsia de manusear. Segura dois objetos, um em cada mão, e junta-os. Qualquer objeto lhe serve. Entretém-se a deslocar a mão pelo simples prazer de a ver mover-se.* — Noções do tempo e da distância *desconhecidos.* — Vocaliza várias vogais e consoantes que logo ganharão o estatuto de palavras.
	32 semanas
	— Comportamento anterior, de equilíbrio, transforma-se em inquietação. — *Está abrindo caminho para* níveis mais altos de maturidade. — Receio de pessoas estranhas e dificuldades em passar de uma situação de convívio social para uma que esteja sozinha. — Ansiedade dos oito meses. Estágio do aparecimento do objeto libidinal (Spitz).

1.º Universo

Matriz de Identidade Total

Criança, mãe e mundo constituem um todo inseparável, isto é, completa identidade

MORENO	GESELL
	40 semanas — Começa a dizer as primeiras palavras. — *Aprende a bater palmas e dizer adeus.* — *Coloca o polegar e indicador em oposição (como pinça). Sonda buracos e cavidades.* — Primeiras fases de sentar-se sozinha e fazer manipulações digitais. Explora objetos. A mão desce até a coxa possibilitando explorar seu próprio corpo na seqüência da autodescoberta. — *Maior percepção visual e auditiva.*
	41-42 semanas
— Percebe a ação do outro como extensão de si mesma; neste momento passa a dirigir sua atenção para a parte do outro e estranha a sua própria ação.	— "Assusta-se com algumas de suas próprias atividades individuais; pode ficar aterrada com os novos e poderosos sons que agora é capaz de emitir. Assusta-se com pessoas estranhas, *particularmente se estas a tocam*" (4, p. 268).

Matriz de Identidade Total Diferenciada

A criança concentra a sua atenção em outra pessoa e estranha parte de si mesma

MORENO	GESELL
— "É um choque peculiar na experiência da criança em crescimento a descoberta da diferença entre instrumentos a ela ligados e instrumentos separados dela" (8, p. 111). *Fase de simbiose* (Fonseca) — "O *eu* e o *tu* ainda não surgiram" (*ibidem*). — Fase relevante dentro do processo porque prepara o terreno para a futura *inversão de papéis.* "Desempenhar o papel do 'outro' não se apresenta de súbito e em forma	— Estes receios traduzem dificuldades com as quais depara "quando ela quer estabelecer distinções válidas entre o seu próprio *eu* e os *eus* alheios" (4, p. 269).

1.º Universo

Matriz de Identidade Total Diferenciada ou de Realidade Total

A criança concentra a sua atenção em outra pessoa e estranha parte de si mesma

MORENO	GESELL
acabada à criança; passa por numerosas fases de desenvolvimento que se superpõem e, com freqüência, operam conjuntamente" (8, p. 112).	
	12 meses
— Percebe a si própria como pessoa semelhante às outras, mas distinta delas. Percebe que pessoas, animais, objetos e ela própria são unidades que atuam separadamente.	— "Está agora a definir uma distinção psicológica difícil — a diferença entre ela própria e os outros" (4, p. 123). Distinção tão difícil que a maioria dos adultos não conseguiu fazê-la.
	— Gosta de ser o centro das atenções e de "aplausos" — o que pode ajudá-la a *sentir* a sua própria identidade. — Experiências perceptivas a habilitam a tirar a conclusão importantíssima de que há neste mundo pessoas mais ou menos como ela própria. — Senta-se sozinha, mas prefere engatinhar. *Mantém-se de pé sem apoio.* — Está aprendendo como se larga após ter aprendido como se agarra.
	15 meses
— Continua o declínio da dependência do ego auxiliar, com o aparecimento da capacidade de locomoção.	— Deixa de engatinhar e começa a andar. — Insiste em fazer as coisas sozinha. — Exige muito de si própria a fim de afirmar sua autodependência embrionária.
— Pessoas e objetos diferenciados, embora não exista diferenciação entre real e imaginário.	— Percebe sons e movimentos exteriores diferenciados dela própria. Observa, mas sobretudo escuta.

1.º Universo

Matriz de Identidade Total Diferenciada ou de Realidade Total

Para a criança, objetos e pessoas estão já diferenciados como unidades

MORENO	GESELL
	— Inicia a capacidade motora de atirar objetos. — Imita pessoas fumando, tossindo, apagando fósforo etc.
	18 meses
— Reconhecimento do *eu*. (*Reconhecimento do* eu (3).)	— Gosta de brincar de esconder e de ser procurada, *o que a ajuda a* criar uma identificação de si própria como pessoa única, mas semelhante a outras. — Defende e fortalece o sentimento do *eu* opondo-se aos outros — palavra favorita: "Não". (Aparecimento do terceiro organizador — Spitz.)
	— Essencialmente egocêntrica. A maioria das suas reações relaciona-se com as suas próprias atividades. Relações sociais com alguns adultos são de iniciativa sua. Ignora quase que por completo as outras crianças.
(Reconhecimento do *tu* (3).)	— Começa a ter uma compreensão mais inteligente do que a outra pessoa é. Às vezes imita adultos que ela observa: cruza as pernas, lê um jornal etc. — Todos os caminhos são vias de sentido único. Ainda não descobriu alternativas nem contradições.
— Ainda não é capaz de perceber diferenças efetivas entre o real e o imaginário, entre o animado e o inanimado, entre a aparência das coisas e a sua realidade.	— "É até duvidoso que veja as outras crianças que correm à sua volta como pessoas semelhantes a ela. Dá-lhes puxões, belisca-as, empurra-as e bate-lhes como se elas fossem objetos para manusear. Brin-

MORENO	GESELL
	ca sozinha, muito satisfeita, de costas para outra criança da mesma idade" (4, p. 141). *Tendência a tratar outra criança mais como objeto do que como pessoa.*
— Depois que saiu da fase de simbiose e que percebeu características do mundo exterior, que objetos e pessoas existem fora de seu corpo, desenvolve uma espécie de *fome cósmica*, ou seja, o desejo de incorporar tudo em si. "*A esta* fome de atos *corresponde a categoria do presente, do momento*" (8, p. 118).	— Maior parte da atividade da criança dessa idade é motora violenta. Desloca-se à medida que vai sendo solicitada, ora por um estímulo, ora por outro. Mesmo quando atinge qualquer meta atraente, a atenção que lhe presta tende a ser momentânea.
— *Fome de atos* grande e incessante. Usa toda sua energia para este fim e tão pouca para recordar. Observador participante interno não se desenvolveu porque todas as partes do sujeito estavam incluídas no ato. — "Uma das importantes características do primeiro universo é a total amnésia que temos a respeito dos primeiros três anos de nossa vida" (8, p. 116).	— Atenção dispersa e movediça, funciona em surtos breves e rápidos.
— *Para uma personalidade de atos como a criança pequena, não existe o inconsciente.*	
— *O tempo infantil tem apenas uma dimensão: o presente e a situação imediata. Absorção integral no ato* — razão básica de as duas dimensões do tempo, o passado e o futuro, serem rudimentares. Essas dimensões estão desenvol-	— Escassa percepção de objetos distantes, espaço, do sentido de direção e do tempo. Dimensão do tempo para ela é a do "aqui e agora". Não escuta quando lhe falam do futuro porque não significa coisa alguma.

MORENO

vidas na criança de modo tão frágil, que a aprendizagem por recordação é impossível.

— Ausência de sonho.

GESELL

— *"Está embebida no imediato"* (4, p. 140).

21 meses

— Mais consciente dos seus atos em relação à aprovação e à censura que eles merecem.
— Atividade motora começa a declinar, pois está mais cônscia das outras pessoas.
— Mais sensível ao adulto e faz mais exigências.
— Consciência das coisas que pertencem a cada pessoa.
— Interesse em imitar tarefas domésticas que tem visto executar.
— Preferência por determinados alimentos.
— Usa palavras em combinatórias: Mamãe xixi, mamãe cocô.

2 anos

— Ainda engrenada na atividade motora violenta (empurrar, puxar, correr etc.).
— Sentido de orientação no tempo e no espaço já não tão precário. Ajusta-se nos espaços familiares. Embora continue a viver muito no presente, há certa expansão da sua característica do "aqui e ago-

1.º Universo

Matriz de Identidade Total Diferenciada ou de Realidade Total

Para a criança, objetos e pessoas estão já diferenciados como unidades

MORENO	GESELL
	ra"; é capaz de esperar. Entende "já vai".
	— Segura de si tanto no domínio motor *quanto* no de linguagem. Seu vocabulário varia enormemente. Surge o monólogo, conversa consigo mesma. Repete palavras dizendo os nomes das coisas, ajustando as palavras à ação e a ação às palavras.
	— Fase pré-cooperativa — mais de observação que de participação. Incapaz de partilhar. Aprende o "é meu". Agarra as coisas e esconde-as — o que demonstra a consolidação do sentimento do *eu*, predominando o guardar sobre o partilhar.
	— Não consegue estabelecer e sustentar relações pessoais delicadas. Prefere brincar sozinha (absorta em suas atividades). Raramente brinca em cooperação com outras crianças.
	— Timidez em relação a estranhos.
— Identificação tem significado no primeiro mundo da criança.	— Consciência cada vez maior das outras pessoas.
— Para que seja possível ocorrer o desejo de identificar-se com pessoas exteriores a si e a plena realização da identificação, é necessária a existência de dois egos separados.	— Mexe menos nas coisas alheias. — Imita tarefas domésticas. Gosta de fazê-las.
— Relações em corredor (Fonseca). — "O *eu* e o *tu* estão reconhecidos" (3, p. 89).	— Mais afeiçoada à mãe. Custa-lhe deixá-la. Nas suas histórias, ela é a personagem principal. Pai é visto como pessoa amigável, carinhosa e que provê o bem-estar da fa-

1.º Universo

Matriz de Identidade Total Diferenciada ou de Realidade Total

Para a criança, objetos e pessoas estão já diferenciados como unidades

MORENO	GESELL

mília. *Relaciona-se melhor com um dos pais de cada vez.*

— Adapta-se na escola-creche através do seu relacionamento com *uma determinada* educadora.

2 anos e meio

— Crianças da mesma idade brincam melhor num grupo de não mais de duas ou três crianças.

— Passa de um extremo ao outro. Não tanto variações de humor, mas oscilações provocadas por estreiteza de bases.

— Caminhos da cultura (sim e não, o ir e vir, correr e parar, dar e receber etc.) encontram-se em perfeito equilíbrio para ela. *Seu sistema de ação é semelhante a "um sistema de dois sentidos, cujas alternativas são de igual modo aliciantes*" (4, p. 164).

— Suas bases alargar-se-ão à medida que amadurecer, fizer distinção entre dois contrários e vencer sua dificuldade em efetuar transições. Insiste em ter as coisas "assim, tal e qual".

— *É ritualista.*

— Não possui domínio perfeito dos músculos flexores e extensores. Agarra com força e solta com impulso exagerado. "*Pode não relaxar com facilidade os esfíncteres de controle da bexiga e suster a eliminação tempos depois, outro caso de ir para um dos extremos, o qual dificilmente poderá atribuir-se a uma conduta voluntária*" (4, p. 164).

	MORENO	GESELL
1.º Universo — *Matriz de Identidade Total* — *Diferenciada ou de Realidade Total*		— Brinca pouco em cooperação. Defende suas coisas. Dificuldades entre o "teu" e o "meu". Brinca melhor com crianças mais velhas. — *Forte sentimento de propriedade e da localização dos objetos.* — Orientação verbal substitui orientação física. — *Manifesta clara preferência ou pelo pai ou pela mãe.* — *Alguns conceitos de tempo e espaço são seus conhecidos.*
		3 anos
2.º Universo — *Matriz da Brecha entre Fantasia e Realidade* — *Desempenho de Papéis*	— "O *primeiro universo* termina quando a experiência infantil de um mundo em que tudo é real começa se decompondo em fantasia e realidade: Desenvolve-se rapidamente a construção de imagens e começa a tomar consistência a diferenciação entre coisas reais e coisas imaginárias" (8, p. 115). — A *espontaneidade* facilita a transição.	— Última idade em que o realismo impera sobre a fantasia. — "*As crianças de 2 e 3 anos não só vivem mentalmente agarradas ao lar, como vivem também num mundo de realidades*" (4, p. 323). — Brincadeiras imaginativas com o ursinho e a boneca (dados de realidade) prosseguem, mas brinca também com objeto imaginário (que não esteja realmente presente) *ou pode fingir que é um animal qualquer.*
	— Forma-se a "brecha entre fantasia e realidade", que significa "estabelecer meios que permitam ao indivíduo ganhar completo domínio da situação vivendo ambos os caminhos e sendo capaz de transferir-se de um ao outro" (8, p. 123). Estes dois conjuntos de processos de aquecimento preparatório — um de atos de realidade, outro de atos de fantasias — começam se organizando.	— *Abre-se um novo mundo da imaginação.* — Vitoriosa na luta com oposições diametrais. Extremos contraditórios cederam lugar a elevado grau de autodomínio. Agora apta a escolher entre duas alternativas.

MORENO	GESELL
	— Emprega palavras com confiança e com inflexão inteligente. A fim de praticar, monologa e representa, combinando ação com palavra. Cria situações teatrais para experimentar e aplicar palavras ao seu vocabulário. — Autodomínio também tem base motora. Pés mais ágeis. Caminha em posição ereta. Adquiriu considerável domínio inibitório dos esfíncteres; capaz de ir ao banheiro sozinha. — Proclama sua capacidade de independência: "Sou capaz de ir sozinho".
— Diferencia entre animado e inanimado.	— Faz distinção importante entre obstáculo físico e obstáculo pessoal.
— Decresce *fome de atos.*	— Atividade individual e social equilibradas. — Brinca sozinha grande parte do tempo, muito satisfeita.
— "*A transição do primeiro universo para o segundo (aquele período em que se torna cônscia da realidade e da fantasia) acarreta uma transformação total na sociodinâmica do universo infantil*" (8, p. 124).	— Indiferença infantil desaparece. Emocionalmente menos voltada para si própria. Progrediu para além do sentimento do *eu* e das suas necessidades e de "você" com respectivas exigências à outra pessoa para o sentimento de "nós". "Eu" e "você" são complementares. Pede ajuda quando não quer fazer algo sozinha. Aprendeu a ouvir adultos, ouve-os para aprender com eles. Interessa-se pelos adultos e crianças e se entende bem com eles.

2.º Universo

Matriz da Brecha entre Fantasia e Realidade

Desempenho de Papéis

MORENO	GESELL
— *Triangulação* (*Fonseca*).	— *Mantém relações maleáveis com a mãe e o pai, "embora anteriormente possa ter revelado uma fixação em relação a um deles"* (4, p. 258).
	— No âmbito da atenção e percepção há qualquer coisa ligada ao número três. Compara dois objetos e isto implica uma operação lógica de três fases.
	— Diz a diferença entre meninos e meninas.
	— Faz perguntas acerca dos bebês: "Onde estava antes de nascer; o que é capaz de fazer quando nasce; onde ela própria estava antes de nascer".
	— *Grande interesse pelas outras pessoas.*
	— Apta para a vida em grupo, mas espírito de cooperação ainda em fase nascente. Brincadeiras cooperativas rudimentares. Conversa de caráter social e amigável. Fraca estruturação de grupo, pois elementos ou atividades mudam muito depressa.
— Passado e futuro começam a adquirir configuração mais específica e *brecha entre fantasia e realidade* inicia duas tendências diferentes de processo de aquecimento preparatório.	— *Noção de tempo fraca, mas bem definida, dentro das suas limitações. Reporta-se ao passado e ao futuro. Pensa em relação ao tempo futuro, quer seja amanhã ou o próximo dia de festa. Capaz de aguardar sua vez.*
— A função da realidade opera mediante interpolações de resistências — não introduzidas pela criança, mas impostas por outras *pessoas, suas relações, coisas e distâncias no*	— Surge um interesse novo e acentuado em pormenores de espaço e orientação. Dá orientação precisa de como chegar a um determinado lugar.

MORENO	GESELL
espaço e atos e distâncias no tempo. — Desenvolvem-se conceitos como causa ou inconsciente com aparecimento da dimensão de passado.	
— Surgimento do fenômeno onírico muito depois do período da realidade total diferenciada começar a se decompor. Fome onírica muito estimulada quando se operar na criança a brecha entre a fantasia e a realidade. — *Fome onírica* aumenta em proporção inversa à *fome de atos.*	*— Faz referência aos sonhos que tem. Embora estes possam acordá-la, raramente é capaz de contá-los.* *3 anos e meio*
— "Sentido de proximidade e distância vai se desenvolvendo e a criança começa a ser atraída para pessoas e objetos ou afastar-se deles" (8, p. 119). Este primeiro reflexo social indica o aparecimento do *fator tele.* É o núcleo dos subseqüentes padrões de atração-repulsa e das emoções especializadas, isto é, das forças sociais que cercam o indivíduo.	*— Revela amizade e desagrado ou mesmo repulsa em relação a determinadas pessoas. Repulsa não significa uma reação imatura, mas indica uma crescente seletividade. Usa expressões como "nós" e "nós dois", que traduz forte sentimento de comunhão com este amigo.* *— Extraordinariamente perceptiva dos sentimentos e das reações alheias.*
— Surge a separação entre um *tele* para pessoas e um *tele* para objetos.	— Emprega corretamente as formas verbais do passado e do futuro.
— Circularização (Fonseca).	*— Pouca atividade isolada e menos grupos de dois do que antes. A maior parte das crianças brinca em grupos de três ou mais elementos, em animadas brincadeiras imaginativas. Agrupamentos importantes, mas muito instáveis. Pouca dificuldade em adaptar-se à escola. Antes, objetos*

MORENO	GESELL
	eram pomo de discórdia, agora, as pessoas o são. — Crianças recebem a maior parte da atenção (antes as educadoras). — Conversa com outras crianças; tem freqüentes afirmações sobre a posse e a propriedade, mas já se fala um pouco em partilhar.
— Aumento da *fome onírica.*	— Sonhos se multiplicam e intensificam-se. Algumas também têm insônia e choro provocados pelos sonhos. *Poucas* contam o que sonharam.
— Existe luta contínua no íntimo do indivíduo ao tentar manter um equilíbrio entre esses dois caminhos (realidade x fantasia) nos quais a espontaneidade tenta fluir. "O significado *mais profundo dessa luta* deriva da incapacidade da criança para continuar a uniformidade do seu *primeiro universo*, onde todos os processos de aquecimento preparatório da adoção de papéis estavam centralizados e eram uniformes. Por muito grandes que fossem então suas ansiedades e inseguranças, ela teve que separar uma parte do seu *eu* da outra" (8, p. 124).	— Período muito difícil. Fase confusa, agitada e instável na vida da criança. Extremos emocionais e muita tensão. Temporária descoordenação motora. Treme-lhe a voz. Propensão para gaguejar. Pode exprimir o aumento da tensão urinando com freqüência. Fantasias da sua vida interior revelam igualmente tensão e insegurança. Sente númerosos receios, pode temer deformidades e escuridão. Descarrega as tensões motoras através da incessante atividade de coçar e esfregar.
— "*Da brecha entre a realidade e a fantasia* surgem dois novos conjuntos de papéis. Enquanto a brecha não existia, todos os componentes reais e fantásticos estavam fundidos num só conjunto de papéis, os *papéis psicossomá-*	— Formula juízos acerca do lugar em que ocupa no esquema social. Identifica-se a si própria como um gênero de pessoa e à mãe e ao pai como dois outros gêneros distintos de pessoas. Distingue entre mãe e filho, entre macho e

MORENO	GESELL
ticos. Um exemplo disso é o papel do comedor. Mas, da divisão do universo em fenômenos reais e fictícios, surgem gradualmente um mundo social e um mundo da fantasia, separados do mundo psicossomático na *matriz de identidade*" (8, p. 124).	fêmea, entre mais velho e mais novo, entre submissão e oposição etc. — Passa horas e dias com seus companheiros imaginários. Imaginativa e inventiva com uma autêntica capacidade para brincar. Pode ter por companheiros imaginários diversos animais e vários seres humanos. Gosta de escutar histórias imaginativas baseadas em pessoas verdadeiras e animais verdadeiros.
— "Estão agora surgindo formas de representação de papéis que correlacionam a criança com pessoas, coisas e metas no ambiente real, exterior a si mesma, e à pessoa, objeto e metas que ela imagina estarem fora de si mesma. Dá-se-lhes o nome, respectivamente, de *papéis sociais* (o pai) e *papéis psicodramáticos* (o deus)" (8, pp. 124-125).	— *Desempenha papéis de pessoas e animais ou personifica objetos.* — Vida imaginativa intimamente ligada às suas próprias atividades. Exemplo: o companheiro imaginário senta-se à mesa com ela.
— *Desempenho de papéis* é um método que a criança utiliza para situar-se em sociedade. Jogo de papéis utilizado para pesquisar mundos desconhecidos ou para expansão do *eu.* Método utilizado para enfrentar uma situação e resolvê-la.	— "*Os papéis* imaginários, *tal* como os rituais mais infantis, são andaimes onde se constroem os esquemas do comportamento social" (4, p. 271).
— (Pré-inversão (3))	
— Moreno relata alguns episódios vividos por ele, sua mulher e seu filho Jonathan:	
— Jonathan procurava representar o cão ou o gato o mais fielmente possível. Punha a	— Toma para si o papel de um animal. Passa a beber lambendo a água com a lín-

2.º Universo — Matriz da Brecha entre Fantasia e Realidade

	MORENO	GESELL
Desempenho de Papéis	língua para fora, apanhava migalhas do chão e engolia-as como esses animais. Repetia muitas vezes. Imitava a voz do cão ou do gato. Nesse momento, queria chegar mais perto da coisa "cão" e se transformar tanto quanto possível nessa coisa.	gua, como cães e gatos. Pode só responder quando se dirigirem a ela chamando-a de "gatinha" ou "cachorrinho".
	— *Jonathan "pedia a seu pai e sua mãe que participassem da sua atuação, alimentando-o como a um cão, agradando-o como a um gato"* (9, p. 219).	— *Desempenha um papel que tenha escolhido e pretende que outras pessoas o tomem a sério. Exemplo: diz que estende as patas e não as mãos.*
	— *Criança utiliza métodos para pesquisar e dominar o ambiente: 1) se coloca no lugar de outros seres; 2) subjuga outros seres; 3) incorpora seres sobre-humanos.* — Vê seu pai se barbeando ou telefonando. Quer fazer a mesma coisa ainda que incompletamente. Toma o papel da mãe, de outros adultos, de crianças, de objetos inanimados e de seres sobre-humanos.	— Desempenha o papel do pai ou da mãe. Pode representar os papéis de outras pessoas, muitas vezes vestindo-se como elas. Desempenha papéis de animais ou personifica objetos — "artifícios do desenvolvimento", mediante os quais inicia suas múltiplas relações humanas.
		— Imita tanto "o bom" quanto "o mal".
		— Com uma experiência mais rica e maior maturidade poderá transferir suas representações imaginárias para brincadeiras de grupo, passando então a ser a mãe, o bombeiro, o motorista de caminhão etc.
Inversão de Papéis	— Capacidade de assumir papéis é condição básica para *inversão de papéis.* — "O desenvolvimento da estratégia de *inversão* da crian-	

MORENO	GESELL
ça é um indicador da liberdade obtida em relação ao ego auxiliar, a mãe ou a mãe-substituta. Significa o primeiro passo na emancipação da criança de dependentes, se não de fato, pelo menos em sua imaginação" (8, p. 114). — Para a criança, não é necessário ser um metafísico para acreditar na capacidade de transformação, o mundo é todo vivo. Através da *inversão de papéis* as coisas se transformam de "como parecem" em "coisas em si". — Método de socialização e auto-integração. — (Inversão de papéis (3)) — "A inversão de papéis aumenta a força e a estabilidade do *eu* da criança. *Eu* significa aqui tomada de consciência da identidade consigo mesma" (9, p. 232). — A pesquisa da inversão de papéis mostra três estágios críticos do desenvolvimento social da criança: 1) Relacionamento com seres inferiores, subumanos. 2) Relacionamento com objetos, as coisas sem vida como pedra, água, cor, luz etc. 3) Relacionamento com seres superiores poderosos: a) seus pais, adultos, estranhos etc. b) criaturas ideais como Papai Noel, Deus etc. — ***Os pais esperavam que Jonathan, através do jogo de papéis que ele mesmo inventasse,***	

2.º Universo

Matriz da Brecha entre Fantasia e Realidade

Inversão de Papéis

MORENO	GESELL
conhecesse melhor os pais e a si mesmo. Os papéis tornavam-se evidentes para ele à medida que os desempenhava. Ele tornou-se capaz de interpretar a si mesmo enquanto os pais representavam o papel dele.	
— Jonathan descobriu que pode trocar de papéis. Fazer o que seu pai ou sua mãe fazem e que eles podem fazer o que ele faz.	— *"Troca de papéis entre ela e os pais"* (4, p. 264). — *"Troca os papéis da mãe e do filho com imaginação teatral. Passa ela a ser o filho"* (4, p. 271).
— Descobriu também que podia assumir o papel de cães, gatos, aves, mas não podia trocar de papel com eles. A inversão de papéis só podia ser realizada com certas partes de seu ambiente e que há limites para este método. — Percebeu que era difícil assumir o papel de um objeto ou máquina e que era impossível trocar o papel com eles. Solução encontrada foi subjugá-los e controlá-los.	
— Foi difícil entender que não havia a possibilidade de troca de papéis com seres sobre-humanos. A saída que encontrou foi a de transformar-se em Papai Noel ou representar Deus.	
	— *Interesse em casamento e em se casar. Propõe casamento aos pais e a outras pessoas.* — Tem relações difíceis com a mãe (nas histórias contadas pela criança, a mãe representa, mais vezes, o papel negativo).

2.º Universo

Matriz da Brecha entre Fantasia e Realidade

Inversão de Papéis

MORENO	GESELL
	— *Até os quatro anos e meio a criança percebe*: — O papel do pai: as meninas encaram o pai sob o aspecto positivo e simpático. Um terço dos meninos o vêem desempenhando um papel disciplinar, punitivo e agressor. — o papel da mãe: a quarta parte dos meninos (mas nenhuma menina) vêem a mãe como vítimas passivas de ofensas e agressões.

REFERÊNCIAS BIBLIOGRÁFICAS

1. Bermúdez, Jaime G. Rojas, *Introdução ao Psicodrama*, Mestre Jou, São Paulo, 1980.
2. Bustos, Dalmiro M., *Psicoterapia Psicodramática*, Brasiliense, São Paulo, 1980.
3. Fonseca F.º, José S., *Psicodrama da Loucura*, Ágora, São Paulo, 1980.
4. Gesell, Arnold, *A Criança dos 0 aos 5 Anos*, Martins Fontes, São Paulo, 1985.
5. Gesell, Arnold, *A Criança dos 0 aos 5 Anos*, Martins Fontes, São Paulo, 1987.
6. Lello Popular, Novo Dicionário Ilustrado Luso-Brasileiro, Lello & Irmãos, Porto, 1986.
7. Martin, Eugenio G., *J. L. Moreno*: *Psicologia do Encontro*, Duas Cidades, São Paulo, 1984.
8. Moreno, Jacob L., *Psicodrama*, Cultrix, São Paulo, 1984.
9. Moreno, Jacob L., *Psicoterapia de Grupo e Psicodrama*, Mestre Jou, São Paulo, 1974.
10. Spitz, René A., *O Primeiro Ano de Vida*, Martins Fontes, São Paulo, 1983.

TERCEIRA PARTE

PSICODRAMA ANALÍTICO COM CRIANÇAS

"Temos a convicção de que pensar o pensamento de um outro — o que é a única maneira de lhe render homenagem e de reconhecer o seu valor — conduz a um trabalho que não produz jamais um idêntico."

(*Piera Aulagnier*, A Violência da Interpretação.)

À GUISA DE INTRODUÇÃO

Camila Salles Gonçalves

O relacionamento terapêutico com crianças exige disposição para *brincar* e para compreender o sentido da *brincadeira*. A maneira pela qual me disponho, hoje, a este tipo de trabalho decorre, principalmente, da experiência como psicodramatista, iniciada há dezesseis anos, e de minha análise vivida mais recentemente.

Uma atividade como a psicoterapia, além de basear-se na formação prática do terapeuta, fundamenta-se necessariamente em teorias. Estas, por sua vez, são desenvolvidas, reformuladas ou descartadas a partir de reflexões que as confrontam com a prática.

Introduzindo exemplos de como se dá o trabalho terapêutico com crianças, quero compartilhar, com o leitor, algumas idéias a respeito de como teoria e prática se articulam.

O psicodrama é, como outras, uma psicoterapia na qual a criança tem oportunidade de se expressar e de se relacionar por meio da brincadeira e do jogo. O que o caracteriza e o diferencia tecnicamente de outras ludoterapias é o preparo do terapeuta para se prontificar, muitas vezes, a propor cenas, jogos, procedimentos dramáticos e a dirigi-los, algumas vezes. *Teatro do psíquico*, tem cenários, ação (drama), atores que desempenham papéis e direção. *Psicoterapia*, favorece o brincar, o desenvolvimento da fala e o surgimento da palavra inconsciente, da qual se põe à escuta.

A capacidade de jogar não é exclusiva dos animais racionais, como podemos observar. Sua origem está provavelmente na *conduta instintiva* (6, p. 9) e a atividade lúdica já foi definida como constituída por "todas as manifestações motoras que não parecem perseguir imediatamente uma finalidade vital" (6, p. 53). Nas inúmeras abordagens científicas, que modificaram e tornaram mais precisa essa definição, parece ter se mantido a idéia segundo a qual (mesmo se sua origem se encontra no instinto) o jogo "se faz possível só quando as coações instintivas se relaxam". Este relaxamento é garantido "ao animal jovem, pelo cuidado da cria, e ao homem, pela segurança social" (6, p. 9).

Várias críticas, à primeira definição apresentada, resultaram de estudos comparativos entre o jogar humano e o animal, e puseram em destaque a diferença entre simplesmente jogar e jogar *com* alguma coisa e *com* alguém. Destas, retenhamos a idéia de que somente jogam os "animais que se aproximam de um objeto", aparentemente sem finalidade vital imediata.

Em um ambiente favorável, dispondo de material lúdico (brinquedos, lápis etc.), muitas crianças inventam jogos ou brincadeiras, através das quais se comunicam e aprendem. Infelizmente, porém, não são todas que se comportam assim. O brincar é uma ação espontânea e, por isso mesmo, só ocorre quando não estamos dominados por nossos instintos nem bloqueados pela ansiedade. Além disso, como diria Winnicott, é uma ação que permite *ficar junto*, mas que permite também *ficar só* *. Quem brinca de fato consegue fazê-lo porque, de algum modo, conquistou uma unidade e um campo relaxado para agir.

Moreno, o criador do Psicodrama, gostava de se referir aos primórdios de sua inspiração, lembrando sua convivência com grupos de crianças nos jardins de Viena (1912), quando lhes contava histórias criadas de improviso e observava sua participação (14, p. 16). Sempre valorizou o jogo de papéis de faz-de-conta na infância e procurou mostrar sua importância no desenvolvimento da personalidade **. Gostava de se referir às suas brincadeiras "dramáticas" na infância. Mais tarde, observando seu próprio filho e brincando com ele, juntamente com sua mulher Zerka, utilizava técnicas psicodra-

---

* Sobre a expressão "eu estou só":

"Primeiro a palavra eu, indicando muito crescimento emocional. O indivíduo se estabeleceu como uma unidade. A integração é um fato. O mundo externo é repetido e um mundo interno se tornou possível. Isto simplesmente é uma afirmação topográfica, da personalidade como um ser, como a organização do núcleo do ego" (36, p. 34).

** Na verdade preferia dizer que o *Eu* surge do desenvolvimento de papéis reconhecidos e desempenháveis. Houve momentos em que, influenciado pelo cientificismo positivista, preferia "papel" ao termo "personalidade", que não se referia a fatos observáveis (24, pp. 217-222). Em outra ocasião, empregou o nome "personalidade", para se referir a algo que era resultado de fatores g e t a (fator genético, fator espontaneidade, fator tele — percepção sem distorções, e fator ambiente).

máticas de *desempenho de papéis* * (27, pp. 59-84). A experiência teatral e procedimentos que pretendiam objetividade científica (23, pp. 222-241) foram os fundamentos por ele apresentados para a teoria, segundo a qual o *desempenho de papéis* favorece a *espontaneidade* e a *criatividade*.

A terapia psicodramática, em sua teoria da técnica, destaca também o modo pelo qual se estabelece o vínculo entre indivíduos, e, particularmente, a configuração e a qualidade de seu *átomo social*. Esse *átomo* é o "menor núcleo de uma pauta interpessoal no universo emotivo". Refere-se a uma situação de fato — "é o núcleo de todos os indivíduos com os quais uma pessoa está relacionada sentimentalmente, ou que estão simultaneamente relacionados com ela" —, indica também a maneira pela qual o indivíduo percebe a presença de outros, que é determinante da situação de fato — "o átomo social chega tão longe quanto o tele ** alcança outras pessoas" (23, p. 254).

Moreno deu o nome de *Matriz de Identidade* ao *locus nascendi* da criança. Aí, as atitudes afetivas e a visão de mundo predominante no *átomo social* (sobre as quais a presença da criança, por sua vez, vem influir) preparam as formas (as matrizes) das condições iniciais de desenvolvimento de sua personalidade. A *Matriz de Identidade* é chamada também "placenta social", pois é meio de sobrevivência e de comunicação com o núcleo afetivo e com o ambiente; constitui aquilo que garante a gestação social, e é, portanto, indissociável do processo através do qual o *infans* se torna indivíduo, *constitui sua identidade.* As fases da *Matriz de Identidade* são, pois, fases estruturantes do primeiro ambiente afetivo-emocional.

Os escritos de Winnicott, um dos mais extraordinários psicanalistas que já surgiram (talvez, dentre estes, o que trabalhou efetivamente com o maior número de crianças e de adolescentes), permitem-nos aprofundar o estudo de temas que são centrais na obra de Moreno.

Embora não se possa sequer afirmar que um dos autores tenha tomado conhecimento da existência do outro, ambos deram o mesmo destaque a questões semelhantes e, às vezes, idênticas. Creio,

---

* "A idéia base para a inversão de papéis nem sempre foi bem compreendida. Em primeiro lugar, é mister distinguir *desempenho de papéis* e *inversão de papéis*. Quando um um indivíduo representa o papel de um médico, de um policial ou de um vendedor, o de seu pai ou de sua mãe, *a fim de 'aprender' como é que 'funcionam' nesses papéis*, estamos diante de um desempenho de papéis. Mas, se ele e o pai ou a mãe 'trocam' de papéis, com o pai sendo o filho e o filho sendo o pai, temos então uma inversão de papéis" (27, pp. 61-62).

** Tele — percepção não distorcida.

até, que as teorias de Winnicott, a respeito do "*comportamento do ambiente*", facilitam a compreensão da especificidade das terapias que pressupõem a relevância desse fator para o desenvolvimento emocional.

Com efeito, declarando que "não se pode fazer uma descrição do desenvolvimento emocional do indivíduo" sem considerar a "*área ambiental*" (35, pp. 79-80), Winnicott reconheceu a *influência das teorias comprometidas com este ponto de vista*, sobre o trabalho da psicoterapia:

> "Como psicanalista, acredito que essas teorias influenciam num trabalho, sem que modifiquem minha adesão aos importantes aspectos da psicanálise tal como a transmitimos a nossos estudantes e que representam um fator comum no entusiasmo da psicanálise tal como a consideramos enquanto oriunda da obra de Freud" (35, pp. 79-80).

As teorias mencionadas abordam as relações entre a "provisão ambiental" e o desenvolvimento do *ego* do indivíduo. Mostram como um "ambiente expectável médio" * capacita o bebê a sobreviver, tirando partido de seus impulsos e pulsões para iniciar seu "*ingresso criativo na vida*" (35, pp. 99-103).

Sem dúvida, *os estilos terapêuticos*, de Moreno e de Winnicott, que estão relacionados, respectivamente, com teorias sobre o *desempenho de papéis*, e sobre o *brincar*, pressupõem a dependência do fator ambiental. Por exemplo, imaginando que o bebê não tenha encontrado com quem contracenar, nem um "ego observante", favorável a seu *brincar*, podemos supor que seu impulso criativo para a vida foi prejudicado **. Isso seria uma espécie de furo, de privação determinada pela Matriz de Identidade.

Cabe à psicoterapia possibilitar a rematrização (11, p. 113) do indivíduo, no sentido de proporcionar novas condições para seu crescimento, enfrentando *afectos* que o sabotam.

As teorias da técnica do psicodrama atribuem à *atuação* da criança em *papéis*, imaginários ou sociais, em *interação com papéis desempenhados por outros* (terapeutas ou membros do grupo), o poder de desenvolver sua criatividade e, portanto, o gosto pela vida.

---

* Expressão empregada por Hartmann, *apud* (35, p. 102).

** "Se a dependência realmente significa dependência, então a história de um bebê individualmente não pode ser escrita apenas em termos do bebê. Tem de ser escrita também em termos da provisão ambiental que atende a dependência ou que nisso fracassa" (35, p. 102).

As principais afirmações de Zerka e de Moreno, sobre o *desempenho de papéis*, são as seguintes:

"É um método que permite à criança 'encontrar' e, se possível, resolver diversos problemas que a intrigam."

"A criança utiliza, muitas vezes, o desempenho de papéis tentando conquistar peça por peça todas as partes repletas de amor e terror do universo, partes que originalmente lhe pertenciam" (27, p. 60).

"A criança utiliza três métodos para explorar e controlar seu mundo:

1) de transformação em outros seres vivos;

2) de submissão a outros seres vivos; e

3) de encarnação de seres vivos sobre-humanos.

Toda criança tem (esta) panacéia à sua disposição, prescrita pela natureza" (24, p. 238).

"A interpretação (ou desempenho) de papéis corresponde a um método de adaptação ao mundo, de que todo homem dispõe. Trata-se de uma tendência observável em toda criança por volta dos três anos. A finalidade desse método é a aproximação, cada vez mais íntima, de outros seres vivos. Se isso lhe fosse possível, a criança se transformaria nesses outros seres vivos."

A interpretação de papéis é "uma maneira, para a criança, de pôr a realidade à prova e de preparar-se para o futuro, em situações esperadas ou inesperadas" *.

"(Hipóteses) A criança é levada à interpretação de papéis por:

1) assombro ou estranheza — quer ser grande e estranha como um cachorro (tal como este é por ela percebido), ou quer transformar-se nele;

2) ansiedade — que nela provoca um ser que não é como ela; e

3) medo ou expectativa — quando era bebê, (ela) *era* o mundo inteiro; o mundo inteiro e ela eram um.

A criança de peito vive em simbiose com o mundo inteiro e não só com sua mãe. Quando (cresce) a criança descobre que há algo fora de si mesma — descobre que cair machuca, que os objetos no espaço são cortantes e duros e que deve evitá-los, que os sons podem ser fortes, agudos e estranhos, que há inúmeros indivíduos e objetos fora dela mesma. Desenvolve então uma espécie de fome por assimilar tudo. Tenta (pela interpretação de papéis) dominar paulatinamente todas as partes ameaçadoras ou agradáveis de seu pequeno universo, que antes lhe havia pertencido (inteiramente)" (24, p. 240).

"A interpretação de papéis é dominada pela espontaneidade e pela criatividade" (24, p. 239).

---

* Evitando usar a palavra "*inconsciente*", Moreno observa que, para a criança, "todas essas características", de preparar-se para as situações, interpretando papéis, "lhe são a princípio desconhecidas" (24, pp. 238-240).

Pessoalmente, considero o *desempenho de papéis* efetivamente terapêutico quando é, como escreveu Moreno, "dominado" pela espontaneidade. Apesar de, no psicodrama, o terapeuta também desempenhar papéis, essa função só interessa enquanto não impede o *brincar*.

Para começar a compreender aquilo a que se refere o *brincar* winnicottiano, é preciso levar em conta o modo pelo qual este *fazer* depende de características do *espaço de "formação de identidade"* (35, p. 71):

> "Este espaço varia bastante segundo as experiências de vida do bebê em relação à mãe ou figura materna, e eu contrasto esse espaço potencial (a) com o mundo interno (relacionado à parceria psicossomática), e (b) com a realidade concreta ou externa (que possui suas próprias dimensões e pode ser estudada objetivamente, e que, por muito que possa parecer variar, segundo o estado do indivíduo que a está observando, na verdade permanece constante)" (35, p. 63).

Foi "tentando transmitir" o que é o "lugar" do *brincar* que Winnicott postulou a *"existência do espaço potencial"* entre a mãe e o bebê. A peculiaridade do "espaço" virtual em que o *"brincar"* acontece só pode ser apreendida por uma descrição paradoxal: este fazer não se dá "dentro" nem "fora" do *eu*. Não corresponde a algo que o sujeito faz "dentro" de si mesmo, nem ocorre "fora" no espaço identificado como "externo" ou do *não-eu* (35, pp. 59-63).

O autor ressalta a importância vital que o *brincar* tem em si mesmo, independentemente do uso psicanalítico que se possa fazer dos conteúdos que expressa. Para estes, prefere a palavra *"brincadeira"*. O *brincar* é um *fazer* que tem "qualidade de comunicação", dependendo do observador (parte do próprio *eu* ou outra pessoa), mas que não ocorre necessariamente com a finalidade de comunicar.

É importante salientar que, em uma sessão de psicodrama, o *desempenho de papéis* pode não consistir em *brincar*, embora, quando se trata de crianças (principalmente), o *desempenho de papéis "forçado"* deva ser evitado. Por outro lado, convém lembrar que o *brincar*, no sentido comentado, além de não consistir propriamente no uso de brinquedos, é um *fazer*, que pode servir-se de palavras, pensamentos etc. e *também de papéis*.

O psicodrama me tem motivado, suficientemente, para que descobertas inspiradas pelo pensamento de Winnicott sejam integradas à prática e à reflexão. Apesar de não pretender apresentar suas teorias como modelo que possa ser simplesmente somado ao moreniano, gostaria de que fossem minhas estas palavras:

"Não é minha intenção deliberada traçar uma comparação entre a psicoterapia e a psicanálise, ou empenhar-me em qualquer tentativa de definir esses dois processos de modo que apresentem uma linha clara de demarcação entre si. Parece-me válido o princípio geral de que a psicoterapia é efetuada na suposição de duas áreas lúdicas, a do paciente e a do terapeuta. Se o terapeuta não pode brincar, então ele não se adequa ao trabalho. Se é o paciente que não pode, então algo precisa ser feito para ajudá-lo a tornar-se capaz de brincar, após o que a psicoterapia pode começar. O brincar é essencial porque nele o paciente manifesta sua criatividade" (35, p. 80).

Moreno e Zerka sempre deram muita importância ao *desempenho do papel do outro*, isto é, à *inversão de papéis*. Enquanto técnica, a *inversão de papéis* exige, por parte da criança, um grau de amadurecimento intelectual e emocional bem maior do que o requerido pelo simples *desempenho*. Apesar disso, eles afirmavam que:

Toda inversão de papéis propicia uma "vivência interna simultânea de dois papéis opostos" e que "tem grande valor terapêutico" (24, p. 139).

Alguns anos de experiência tornaram-me muito cautelosa ao propor essa técnica para crianças. A psicologia evolutiva de Piaget explica uma das dificuldades para o seu uso: a criança do período "pré-operatório" (até 6 anos mais ou menos) caracteriza-se por um *egocentrismo intelectual* e ainda não dispõe de condições intelectuais de se colocar na perspectiva do outro. Está ainda em uma fase de pensamento não reversível.

Outro problema é sugerido por Moreno, quando afirma que é mais difícil desempenhar papéis que estão mais "integrados no *eu*" (24, p. 237). Ou seja, ele nos diz que é mais difícil, para o protagonista, desempenhar um papel quando deste não lhe é possível ter distância suficiente para percebê-lo. Para perceber o outro é preciso que o *papel* desempenhado por este alguém constitua, já, uma *unidade de conduta*, que a criança seja capaz de observar, sem confundi-la (em demasia) com aspectos seus.

No psicodrama bipessoal com crianças, quando o compromisso é maior (pois não há um público que auxilie a fazer uma caricatura do papel, capaz de aliviá-la da tensão provocada pelo medo de seus aspectos internos sentidos como "ruins"), é ainda mais difícil que o protagonista aceite o papel de vilão ou de bandido perseguidor, quando inicia a dramatização pelo desempenho do papel oposto.

Ainda, mesmo que não surja esse tipo de situação ou que não se apresente uma consigna inadequada ao estádio evolutivo, intelectual ou emocional, há outros problemas.

Widlöcher, autor de um dos poucos livros existentes sobre psicodrama com crianças, lembra que:

> "(...) o papel poderá ser mais ou menos bem aceito. É freqüente que, num grupo de crianças, todas se recusem a representar um papel ridículo, e sobretudo um papel ruim. Somente depois de longas discussões, uma das crianças resigna-se a assumir o papel ingrato, e socialmente mal considerado" (34, p. 63).

Convivendo com tais dificuldades e conhecendo a proposta de constituir uma "família psicodramática", que levou Zerka e Moreno a treinarem seu filho Jonathan, desde os *três anos* de idade, na *inversão de papéis,* eu não conseguia compreender *como* o faziam. Os problemas mencionados levavam-me a questionar a possibilidade do psicodrama terapêutico com crianças pequenas. Em 1977, por ocasião da primeira estada de Zerka Moreno em São Paulo, tive a oportunidade de conversar com ela a respeito de minhas dúvidas. Sua resposta foi insistir na necessidade do *"treino" da espontaneidade* e da *inversão de papéis.*

Na verdade, Zerka, tal como Moreno o fazia, usa essas expressões sem preconceitos e sem supor que contenham contradições. Se nos ativermos ao espírito de parte da "filosofia" de Moreno, que louva a espontaneidade, será preciso reinterpretar o sentido desses "treinos".

Entendo que a proposta implícita, que realmente interessa aos psicoterapeutas, equivale à da preservação das áreas do *brincar.* Esta possibilita a *interpretação criativa de papéis,* através da qual a criança pode ser auxiliada no reconhecimento de sua identidade e na diferenciação entre seus próprios pontos de vista e os de outras pessoas.

Importa observar também que a teoria moreniana do psicodrama valoriza o *aquecimento,* processo através do qual duas pessoas se preparam e se estimulam mutuamente para *agir em conjunto.*

Em fases iniciais da sessão (ou da terapia), chamadas de *"aquecimento"*, muitas vezes proponho jogos ou brincadeiras, quando a criança precisa de auxílio para iniciar essas atividades. *Objetos intermediários,* a história, o faz-de-conta, os fantoches, diminuem a inibição, o temor. Só quando é admitido na situação, assumindo papéis que a criança é capaz de compreender, o terapeuta encontra, juntamente com esta, as condições para que interajam e *se ouçam,* um ao outro.

Melanie Klein sem dúvida possuía, entre outros, o talento para criar, com as crianças, uma atmosfera tal que estas eram capazes de brincar diante dela e nem sempre *com* ela. Não creio que sua atitude fosse a de "distanciamento", para analisar explicativamente. Pelo contrário, quem conhece um pouco as crianças sabe que isso não funciona; além disso, quem entra em contato com sua obra, logo conclui que ela não procedia desse modo. É mais provável que ela fosse capaz de se colocar na situação como o *"ego observante"* favorável, de que fala Winnicott.

Todos nós queremos, às vezes, compartilhar brincadeiras; outras vezes, precisamos ficar conosco, brincando sozinhos. O ambiente da terapia não pode se opor à intimidade *. Para não ter sua identidade "desconfirmada", a criança precisa também de que o ambiente da terapia lhe permita mexer sozinha com o que quiser, sem ser perturbada por uma solicitação excessiva.

O *aquecimento* é, antes de tudo, disposição para captar o clima da outra pessoa. O *tele* moreniano, percepção não distorcida, corresponde à *afinação.*

Os recursos técnicos psicodramáticos, que visam facilitar a *ação conjunta,* desde que "telicamente" utilizados, permitem o *brincar* verdadeiro, liberado da coação imediata, inibidora. Dentre estes, merecem destaque os *jogos dramáticos.* A especialista no assunto, Regina Fourneaut Monteiro, define deste modo a sua função:

> "O jogo se insere no Psicodrama como uma atividade que propicia ao indivíduo expressar livremente as criações de seu mundo interno, realizando-as na forma de representação de um papel, pela produção mental de uma fantasia ou por uma determinada atividade corporal.
>
> O jogo no Psicodrama surge da necessidade de uma terapia em um baixo nível de tensão, em uma situação preservada, onde o indivíduo não está trabalhando diretamente o seu conflito. Pelo fato de o indivíduo estar simplesmente jogando, já se elimina a possibilidade de ser para ele uma situação angustiante ou ansiógena, pois o jogo cria uma atmosfera permissiva que dá condições ao aparecimento de uma atuação espontânea e criativa do indivíduo (...)" (22, p. 7).

Refiro-me a "jogo dramático" no sentido de atividade proposta pelo terapeuta, cujo êxito se revela quando, de fato, resulta em *brin-*

---

* Emprego *"intimidade"* no sentido heideggeriano, que se refere à condição do sujeito, de poder se *recolher*, se *re-unir* consigo mesmo, *em paz*. Para Heidegger, é a condição do surgimento da *palavra* (diferente de *linguagem*). A leitura mais cuidadosa dessas passagens (por exemplo, 16, pp. 32-33) foi motivada pelos seminários do psicanalista e filósofo P. Fédida, por ocasião de seus seminários em São Paulo, em 1987. Nestes, penso que foi sugerida a semelhança entre a condição heideggeriana, para o surgimento da *palavra*, que é *convite* e *evocação* do *mundo* e *das coisas*, e as condições que cabe à psicanálise preservar. Creio que estas favorecem a *palavra* "existencialmente convalidada" (Moreno, 25, p. 329) que, a meu ver, inclui *a palavra do Inconsciente.*

car. Só então a *brincadeira* pode permitir a interpretação da fantasia inconsciente, com a qual o alívio (terapêutico) se realiza plenamente.

Todos os psicodramatistas conhecem as catilinárias morenianas contra a noção de "inconsciente". Mas o fato é que o próprio Moreno *interpretava* verbalmente as fantasias do protagonista, das quais este, por assim dizer, não se dava conta *.

No caso da terapia com crianças, tenho profunda convicção de que *para fazer psicodrama é preciso aprender com Melanie Klein.* Ela sabia, por exemplo, que:

> "Em contraste com os *pequeninos* que, geralmente, no princípio da análise se mostram *mais inclinados para os brinquedos*, as crianças no *período de latência* logo começam a *representar papéis*" (18, p. 96) **.

Com efeito, mesmo se o terapeuta opta pelo psicodrama como terapia *alternativa*, em relação à psicanálise, não achará autor *** que tenha descrito com mais acuidade o modo pelo qual as crianças brincam.

Quando me refiro ao trabalho que realizo, como *psicodrama analítico*, quero destacar a idéia de que procuro o método que permita à criança reconhecer, em minha fala, o sentido latente e inconsciente de seus jogos espontâneos. Penso que só o alívio, produzido pelo reconhecimento do material inconsciente, permite o crescimento na terapia. Contudo, tendo gosto pela *participação social*, busco os meios de tornar a psicoterapia acessível a quaisquer crianças. Ou seja, para mim vale a pena procurar o modo de realizar esse processo relacional, mesmo quando se constatam severos obstáculos ao crescimento da criança, que são também impeditivos de sua compreensão da fala do terapeuta.

Não foi por acaso que surgiu a famosa polêmica entre Anna Freud e Melanie Klein sobre *que* crianças podiam ser psicanalisadas. Pesou muito, na divergência, a questão da "interpretação ime-

---

* Isto fica evidente, por exemplo, em "Psicodrama de um Casamento" (24, p. 202).

** Grifos nossos.

*** É claro que a bibliografia sobre a atividade lúdica das crianças é vastíssima. Remeto, por exemplo, para o artigo e as referências bibliográficas de Maria de Lima Salum e Morais, em "Faz-de-Conta e Participação Social" (p. 17). Ao leitor interessado em uma visão geral deste assunto, recomendo o belo livro de Aberastury, *A Criança e Seus Jogos* (1). Porém, o que pretendo salientar a respeito é a descrição minuciosa e *compreensiva* (2), na qual a obra de Melanie Klein é insuperável.

diata do material da criança", como comenta Lebovici (20, pp. 152-154).

Para muitas crianças, o psicodrama oferece *inicialmente* condições de *sociabilização,* por meio da *dramatização com brinquedos* * e do *desempenho espontâneo de papéis.*

Em suma, respeitando a adequação da técnica ao desenvolvimento do *ego* da criança, o psicodrama permite encontrar caminhos para a prática da psicoterapia em meios sociais, onde há severos obstáculos ao crescimento do indivíduo. Como é no Brasil que vivemos, o psicodrama permite aos trabalhadores de saúde mental praticar um estilo de terapia que primeiro possibilite à criança emergir como sujeito agente, falante e ouvinte.

Ainda, a respeito da questão prática sobre *dramatizar ou não,* é preciso que nos detenhamos mais no estudo das *"tendências do ego da criança".* É preciso distinguir a aparente *sociabilidade* saudável de tendências *repressivas* que a criança incorpora. Melanie Klein esclarece bem a diferença entre uma coisa e outra:

> "Nesse estádio ** em consonância com o recalque mais intenso de sua imaginação e com seu ego mais desenvolvido, os jogos da criança são mais adaptados à realidade e menos imaginativos que os da criança de tenra idade. Em seus jogos com água, por exemplo, não encontramos representações tão diretas de desejos orais ou de molhar e sujar, como nas menores; suas ocupações são postas a serviço das tendências reativas em medida maior e assumem formas racionalizadas, como cozinhar, limpar etc. A grande importância do elemento racional nas crianças dessa idade parece-me devida não somente a um recalcamento mais profundo de sua imaginação, mas também a uma *hiperenfatização obsessiva da realidade, que constitui um dos fatores genéticos do período de latência.*
>
> Ao lidar com casos típicos desse período, podemos muitas vezes observar como o ego da criança, ainda muito mais débil que o do adulto, se empenha em fortalecer sua posição, colocando todas as energias a serviço das *tendências repressivas* e agarrando-se à realidade. Nosso trabalho analítico é contrário a todas as tendências do ego da criança, e é por isso que não podemos, a meu ver, contar com a ajuda do ego no princípio do tratamento; antes, devemos procurar estabelecer relações com os sistemas inconscientes para ir depois, gradualmente, conquistando a colaboração do ego" (18, p. 96).

Creio que para ir "conquistando a colaboração do ego", mas começando por "estabelecer relações com os sistemas inconscientes

---

* Uso preferencialmente bonecos e fantoches. Embora se trate de outro tipo de situação, este modo de utilizar brinquedos foi inspirado há anos no trabalho do ator Ariel Bufano e de Bermúdez, com psicóticos (7).

** Estádio ou período de latência.

da criança", o terapeuta psicodramatista pode se valer da função de ator em papéis de faz-de-conta como um *ego auxiliar*.

Este é o momento de lembrarmos que a primeira relação de um ser humano com outra pessoa é com aquela que se comporta como um *ego auxiliar*. Utilizando o mesmo nome para este, Moreno (24, p. 121) e Winnicott (36, p. 37) descreveram, de modo semelhante, o papel, geralmente desempenhado pela mãe do bebê, de atender às suas necessidades básicas e de ser alguém *presente* até que a criança seja capaz de suportar seus próprios impulsos; ambos assinalaram que essa pessoa dá à criança um *auxílio vital*, até que o ego infantil tenha consistência e alguma força.

O papel do terapeuta imita o do primeiro ego auxiliar, sem que consista em maternagem, nem em adoção. Jogando e brincando junto com a criança, ele pode se tornar presente de uma forma que ela vai aos poucos podendo reconhecer para, depois, dispensar.

A questão do fortalecimento do ego do cliente na psicoterapia, que importa ressaltar neste ponto, exige um desvio do tema central, que será logo retomado. Quando Melanie Klein fala em fortalecimento do ego da criança, refere-se a um mínimo de unidade que este precisa atingir para suportar a ameaça de destruição, representada pelas pulsões. Na *posição depressiva*, tornando-se capaz de *introjetar* aspectos do vínculo com o objeto, vividos como "bons", e, ao mesmo tempo, conter em si a raiva e a destrutividade, sem *projetá-las* todas no objeto (objeto persecutório); a integração do *ego* e do objeto ocorrem simultaneamente. A posição anterior, *esquizoparanóide*, nem desaparece nem é definitivamente recalcada; apenas deixa de ser o conjunto de ansiedades e defesas predominante. A análise e a psicoterapia não livram a criança de viver nenhuma dás ansiedades correspondentes às *posições* que experiencia no desenvolvimento emocional. Mas proporcionam-lhe oportunidade de entrar em contato com estas e de afrouxar os mecanismos de defesa que a mantém fixada.

Winnicott acentua a importância da *provisão ambiental* para que o ego possa emergir como unidade, enfrentando as terríveis dificuldades que aqui estão sugeridas pelo uso da terminologia kleiniana.

Freud, ao apresentar a segunda Tópica, em *O Ego e o Id*, mostra como o ego se constitui a partir dos limites e substituições impostos pelo superego às pulsões. O ego aí figura como servo de dois senhores, entre a irracionalidade e a atemporalidade do Id e o imperativo categórico do superego. Para não ser esmagado, nem dilacerado, entre estes dois opostos, precisa, por assim dizer, de um mínimo de libido depositada em si mesmo. Precisa, também, de uma espécie de acordo com estes.

M. Klein refere-se *ao realismo da criança no período de latência,* período esse em que o complexo de Édipo está supostamente recalcado, as pulsões agressivas e as fantasias destrutivas, mais controladas. Aí, tudo se passa como se o ego não quisesse levantar a tampa do alçapão para lembrar o que está por baixo do solo, aparentemente firme, em que se encontra. É por isso que a criança deste período tende a mostrar-se mais *realista,* a *evitar* as fantasias que reavivam as posições anteriores. Mas é por isso também que *a análise se opõe,* nesse período, ao *ego,* recusando-se à cumplicidade com o recalcamento.

Muitas críticas feitas ao psicodrama com adultos fundamentam-se na suspeita de que há tendência, dessa forma de psicoterapia, a "fortalecer o ego", no sentido de o processo dramático estabelecer uma cumplicidade com as evitações racionalizantes do ego. Com efeito, o caminho do imaginário, a valorização do "como se", não impede o psicodrama de correr tal risco, mas acentua-o.

O entusiasmo do psicodramaturgo com as "soluções" encontradas em cena pelo protagonista, o apoio do grupo, a humana tendência por parte deste, ou daquele, a julgar que chegou a um *bom resultado,* podem facilitar a convicção de que tudo está resgatado e esclarecido. Nesse sentido, acusa-se o psicodrama de ser mais uma "psicoterapia egóica", na qual se aprisiona o sujeito, fascinado por seu (falso) *ego fortalecido* e *resolutivo.*

Prisioneiro do imaginário, da *realização simbólica* psicodramática, o sujeito ficaria limitado a uma biografia confirmada, montada para satisfazer certos *aspectos O.K.* de seu *ego.* Constituiria, assim, com a ajuda da psicoterapia, uma espécie de couraça para afastar-se de si mesmo. Dentre outras, tais críticas têm a utilidade de nos fazer lembrar que a *fase de comentários,* da sessão de psicodrama, não deve ser confundida com uma etapa onde se dá a mera confirmação da história que o protagonista se conta e nos conta, e muito menos com "palmas para ele" de um certo tipo (não me refiro a todos) de análise transacional.

Negando o Inconsciente, afirmando que o *eu* nasce dos papéis, Moreno pode se apresentar como um empresário, exclusivo, do narcisismo nosso de cada dia, ou como um condicionador de *papéis desejáveis,* ou *"adequados",* segundo os critérios de terapeutas ou de instituições.

A terapia não pode ser uma imitação da *fase do espelho* retomada e prolongada. Não pode se fixar em uma insidiosa antecipação da imagem do sujeito pelo olhar "benevolente" do terapeuta. A questão técnica crucial é como escapar da armadilha dos "esclarecimentos" conclusivos, a que pode a cena dramática aparentar conduzir.

A *catarsis de integração* efetiva é um despejar de fantasias e emoções, mas não para rearranjar uma história que pode ser contada de maneira mais organizada e coerente. Se de fato ocorre, implica a liberação do sujeito em relação à novela que ele se vem contando. Permite-lhe defrontar-se com a incerteza, com o não-saber, com a verdadeira espontaneidade.

"Fechar" e *"processar" sessões* são termos do jargão psicodramático que, numa abordagem superficial, podem dar a entender que há resoluções e reproduções totalmente inteligíveis, do começo ao fim, de uma história verídica. Não é desse modo que se superará o confinamento no imaginário, para aceder em assumir * o simbólico, isto é, a integração.

Como escreveu Paul Lemoine:

> "O que importa não é o poderia ter sido, mas o que foi, quer dizer, o que pode ser um acontecimento na vida do sujeito" (21, p. 13).

O acontecimento não se reduz ao ato passado, tornado *"atual"* na cena psicodramática, e não pode receber uma resposta (atual) por parte do terapeuta **. Este deve se retirar da falsa complementaridade para não impedir ao sujeito o vislumbre da sua falta.

A tentação que ronda o dramaturgo é pretender repor a perda, "sendo", por exemplo, o pai do qual o protagonista não conseguiu ainda fazer o luto.

É para não ser o carcereiro cúmplice, mantendo o sujeito prisioneiro das ilusões do ego, que é necessário ao terapeuta distinguir entre *tele* e *transferência* ***.

---

* "A função simbólica permite 'enunciar' uma designação que se opõe, enquanto significação universal: à singularidade necessária das referências identificatórias e imaginárias do *Eu*, singularidade sem a qual o indivíduo não poderia se diferenciar de um meio, espécie, classe de parentesco, classe sexual, nas quais ele se veria apenas como um elemento intercambiável com qualquer outro" (5, p. 165).

** "O que chamamos de 'não resposta' é precisamente a recusa em dar o atual como resposta ao inatual" (10, p. 32).

*** Fonseca tem muita clareza ao estabelecer a distinção entre *tempos vividos* em uma e em outra situação: "Poderemos formular que a relação

Voltemos agora à questão do ego e do inconsciente da criança do ponto de vista da relação terapêutica. Venho dizendo que a criança pode ter acesso a seus processos inconscientes, mas só quando já conseguimos auxiliá-la na aquisição ou utilização de linguagens (inclusive a do jogo). Assim, prefiro, na atuação verbal do terapeuta, uma gradação, do *brincar* ao comentário, ao assinalamento *, à interpretação.

Sobre a interpretação, já disse que a possibilidade da "cura" pela palavra, dentro do Psicodrama, mesmo na época da descoberta de Moreno, na verdade, nunca foi afastada. A divisão clássica da sessão em fases, culminando na de *comentários*, pressupunha-a. Por outro lado, se seu modelo é o *teatro*, a palavra aí pronunciada não é uma fala qualquer. A palavra pronunciada durante a dramatização tem um poder que não é o mesmo do cotidiano. A *teatralidade* dá uma pontuação inabitual a frases que se desvelam, para fazer surgirem outras, inesperadas para o cliente. Nesse contexto, o teatral é o contrário do falso. A afetação não se sustenta porque quando destoa é ouvida de modo diferente pelo próprio locutor e *co-ator*.

Penso que o mais alto nível da dramatização não ocorre pela dominância do *fator tele*, mas pela manifestação da transferência do protagonista.

Afirmei que o psicodrama analítico pretende bem mais do que a *catarse* e a expressão. Pretende que a criança possa vir a "reconhecer", na fala do terapeuta, o sentido latente daquilo que manifesta na ação, isto é, "os processos que habitam seu próprio inconsciente e que são, afinal de contas, processos do desejo" (31, p. 10).

Moreno não podia abrir mão de sua polêmica com Freud para avaliar mais detidamente o modo pelo qual ouvia e captava o que se passava na efetiva espontaneidade dramática. Foi preciso prosseguir, e hoje a reflexão teórica sobre o psicodrama, principalmente de argentinos e brasileiros, inicia a fenomenologia de alguns *mecanismos de ação*. Um deles, por exemplo, o *"insight dramático"*, a percepção súbita que ocorre em cena, dá-se muitas vezes em uma cena em que algo é dito e é ouvido de um modo diferente ou inabitual.

Não é este o lugar de prolongar uma discussão sobre o Inconsciente na palavra psicodramática. Entretanto, é preciso lembrar o

---

télica é uma relação presente, nem futura e nem pretérita, enquanto a transferencial é presente e passada, ao mesmo tempo. O tele é a vivência do momento como ele é — a transferência é o presente como ele não é. A relação transferencial é um curto-circuito presente-passado" (11, p. 108).

* Um simples *assinalamento* dá ao paciente um indício do caminho a seguir; ao advertir a importância de um sinal não o toma para elaborar uma interpretação, mas para permitir que seja o próprio paciente quem siga a pista (8, p. 10).

modo pelo qual as inovações * e técnicas tradicionais permitem que se ultrapasse a mera sucessão de imagens representadas em cena, para que se atinja um outro modo de conhecer.

Com efeito, ao expressar o produto de sua imaginação, neste teatro, o sujeito pode recuperá-lo livremente, quando sua compreensão ultrapassa o sentido imediato do drama manifesto, atingindo não só o que é extremamente peculiar e obscuro, o desejo, mas também o que se enuncia de modo universal, ascendendo ao simbólico.

Apesar de todas as possibilidades ainda não exploradas inteiramente, do acesso a conteúdos *latentes*, propiciado pela dramatização, julgo que o modelo do Psicodrama analítico, iniciado pela escola francesa, no que diz respeito à fundamentação teórica para a elaboração conceitual das questões do *desejo* e do *Inconsciente*, poupa-nos de uma penosa caminhada inútil para redescobrir o descoberto. Além disso, concordo inteiramente com Anzieu, quando afirma:

> "A oposição que tende a estabelecer-se entre o psicodrama, técnica ativa, e a psicanálise, método passivo, não é completamente sustentável. Por seu silêncio, sua neutralidade, o psicanalista atua, com mais forte razão do que por suas interpretações; além disso, a palavra, que é seu único instrumento, constitui um modo de ação propriamente humano. Por outro lado, Moreno se fia em uma certa filosofia americana, segundo a qual a verdade reside na ação, sem se preocupar com o fato de este vocábulo ser multívoco. Quase não diferencia a ação dramática das outras: não analisa de maneira alguma sua natureza, nem o que ela opera" (3, p. 59).

* Evitando a palavra "cura", que considera comprometida com uma visão preconceituosa dos conflitos humanos, que implica em uma postura diante do cliente, que o aborda como "doente", Bustos cunhou a expressão "mecanismos de ação":

"Recolocados os critérios de saúde e de enfermidade, não podemos então seguir falando de mecanismos de cura, já que este termo supõe a aceitação da enfermidade. Daí optarmos por falar em mecanismos de ação. Descrevemos dois tipos de mecanismos: um de índole dramática (*catarsis* de integração e *insight* dramático); o restante, verbal.

(O *insight* dramático) advém do emprego de técnicas dramáticas em qualquer momento da sessão. O 'dar-se conta' emocional, profundo, o ter compreendido uma situação que permanecia obscura até então. (...) Os meios para lograr o *insight* dramático podem ser: a interpretação direta por parte do diretor, a interpretação, a partir de um ego auxiliar, a troca de papéis ao compreender o efeito de suas próprias condutas vistas desde o lugar do outro, o duplo, ao tocar em aspectos temidos pelo protagonista, o espelho, ao ver desde fora a situação total, no solilóquio, ao 'inteirar-se' de coisas que estava pensando e que não expressa. Praticamente, todas as técnicas psicodramáticas podem contribuir para o *insight* dramático" (8, pp. 61-62).

É preciso reconhecer que o modelo da sessão terapêutica com uma criança, realizada por Moreno, no espaço fechado da clínica, está em desacordo com suas pregações sobre a espontaneidade. Penso até que desviou de sua verdadeira função os *egos auxiliares* que preparou, com papéis "psicodramáticos" previamente determinados para tentar fazer desaparecer um "comportamento neurótico infantil" *.

Essa contradição do criador do Psicodrama não serve para desvalorizarmos sua intuição original, mas, antes, para recuperarmos o sentido primeiro da *criatividade,* tal como ele o defendia.

Moreno chegou a propor, em nome do "princípio" da *criatividade* e da *espontaneidade,* o abandono da psicanálise e a revisão de quaisquer outras teorias psicológicas e sociológicas que nela se baseassem. Pensava que "teorias da frustração, da projeção, da substituição e da sublimação" deviam ser revistas a partir do "duplo princípio" (26, pp. 55-58).

Não cumpriu seu programa, e se tivesse tentado fazê-lo, teria provavelmente se deparado com contradições, pois (até sabia que) não era Deus.

A prática também tem me feito refletir sobre a recuperação da *espontaneidade* e da *criatividade.* Moreno não nos legou definições conclusivas a respeito do que poderiam significar. Mas tudo indica que são qualidades que a ação humana pode apresentar, quando não há submissão.

Definições só as captam vagamente, a partir de metáforas literárias, que sugerem seus contornos, ou a partir da experiência do relacionamento interpessoal.

Do tratamento winnicottiano do tema, destaco este parágrafo que pode, também, apenas sugerir do que se trata:

> "Descobrimos que os indivíduos vivem *criativamente* e sentem que a vida merece ser vivida ou, então, que não podem viver criativamente e têm dúvidas sobre o valor do viver. *Essa variável nos seres humanos está diretamente relacionada à qualidade e à quantidade das provisões ambientais no começo ou nas fases primitivas da experiência de vida de cada bebê"* (35, p. 103).

---

* "Havíamos preparado conscienciosamente o plano da sessão e nos cuidamos para que a cena se assemelhasse em todos os detalhes à realidade" (24, pp. 259-260).

Nesta procura, de um estilo para fazer psicodrama com crianças, sem imitar o exemplo citado da sessão de Moreno, fui auxiliada de modo inestimável por meu primeiro supervisor, Carlos Calvente, do Instituto de Psicodrama "J. L. Moreno", de La Plata.

Admito, com Alfredo Naffah, a possibilidade de ser "questionável", no "plano metodológico", o trabalho de Anzieu, Lebovici e Lemoine, os *psicodramatistas analistas franceses*, e de ser "impossível" "fazer Psicodrama sem um conhecimento profundo das propostas de J. L. Moreno" (28, p. 76).

Compreendo também a indignação do colega, quando escreveu:

> "(...) *poucos se deram ao trabalho de procurar entender o pensamento de Moreno,* sempre considerado uma espécie de autor maldito e ridicularizado nos meios intelectuais. Isso na medida em que escandalizava a todos com a pouca sistematicidade do seu pensamento ou chocava com a sua ousadia no lidar com fenômenos sociais considerados tabus, como a defesa das prostitutas de Viena, a incitação das crianças a uma rebelião contra os padrões do mundo adulto ou a idéia de deixar o louco viver a sua loucura, só bem mais tarde retomada pela antipsiquiatria. A esse homem 'lunático' e 'excêntrico', os franceses, logo de cara, recusaram um voto de confiança suficiente para estudar e apreender seus métodos e suas teorias. Consideraram-no ingênuo teoricamente e se apropriaram do psicodrama como técnica, enxertando-a no corpo teórico psicanalítico. Assim, surgia a primeira miscelânea: o assim chamado *psicodrama analítico,* que tanto sucesso fez na França, através das figuras de Anzieu, Lebovici e Lemoine" (30, p. 51).

Dou-me há anos ao "trabalho de procurar entender" o pensamento de Moreno. Os alicerces teóricos que procuro rever, investigando a articulação possível entre fundamentos da psicanálise e do psicodrama, tanto quanto minha proposta metodológica (também discutível), devem muito às obras publicadas por Anzieu, Lebovici e Lemoine, e não me refiro apenas àquelas cujo tema é o Psicodrama.

Acredito ter ganho muito, consultando-as e pesquisando em escritos dos "mais puros" psicanalistas. Utilizo-me agora de um exemplo que diz bastante, para o momento, a respeito de *como* me parece ter sido possível integrar *psicodrama e psicanálise* no exercício da profissão.

Durante um de nossos encontros para supervisão, uma terapeuta, que iniciara há meses o aprendizado de seu papel, mostrou sinceramente, a mim e a suas colegas, sua intensa preocupação com a menina de 7 anos, com quem iniciara o psicodrama *bipessoal*. A garota, que vou chamar de Juliana, pedia-lhe que brincassem de escola, e quando dramatizavam, ela, desempenhando o papel de professora enérgica, escrevia as lições na lousa. Dava à terapeuta, que desempenhava o *contra-papel aluna*, aulas de aritmética confusas e erradas.

A terapeuta queria o auxílio da supervisão e de duas terapeutas, dentre as presentes, que co-atuavam, atendendo a mãe no grupo de mães. Conversamos todas sobre "a vontade que dava" de assumir um papel mais pedagógico e corrigir os erros da criança. Supondo compreender * a aflição da terapeuta, lembrei-lhe que o instrumento mais valioso de que ela dispunha era, provavelmente, sua própria ansiedade, seu sentimento de que não tinha a menor idéia de como ia conseguir realizar operações tão difíceis. Sugeri então à terapeuta que, no caso de a situação se repetir (isso provavelmente ocorreria), explorasse de fato a sensação de impotência, diante das "aulas" incompreensíveis, no papel de aluna. Em outras palavras, que utilizasse a *contratransferência* (18) no *contra-papel.*

Em sessões que se seguiram, a terapeuta (desempenhando o papel de aluna) começou a mostrar a Juliana que não estava entendendo a aula, que daquele jeito ficava confusa, que não sabia *por que* era assim etc. Não presenciei essas sessões para poder descrever o nível dramático do desempenho das duas, nem as palavras que empregaram. Em encontros posteriores, a terapeuta parecia mais aliviada em relação à situação supervisionada e comentou seu aproveitamento do que lhe fora sugerido.

Poucos meses depois, terminava o ano letivo e a terapeuta, emocionada, veio dizer ao grupo de supervisão que Juliana tinha sido aprovada na avaliação escolar final. O grupo compartilhou seu contentamento, assim como as três terapeutas já o haviam feito com a mãe e a menina.

Pensando em Juliana, como o centro de um *átomo social,* temos um excelente exemplo de como as pessoas envolvidas na transformação da situação e as *correntes afetivas* **, que entre elas transitaram, possibilitaram este aparente êxito: Juliana, a mãe (que lhe deu aulas particulares), a terapeuta, a professora e (talvez) colegas de turma de Juliana, as terapeutas da mãe e suas demais companheiras no grupo de terapia, as colegas de supervisão da terapeuta e meu papel de supervisora.

O fato de Juliana ter passado de ano não é evidência alguma a respeito de, em sua dinâmica pessoal, ter superado os conflitos que a vinham impedindo de aprender na escola, pois estes podem "voltar à carga" em outras situações. Nada indica que a terapia tenha "curado" Juliana de alguma coisa, ou "curado" o *papel-de-mãe,* da mãe. Foi sem dúvida uma oportunidade, que ambas parecem ter sa-

---

* "Sem explicações" (2, p. 36).

** De maneira alguma utilizo a expressão "afetivas" com o significado de que as pessoas em questão gostam muito umas das outras, embora este sentimento também possa estar presente nas "correntes" mencionadas.

bido aproveitar para utilizar mèlhor recursos de que já dispunham. Elas nos possibilitaram, a nós terapeutas, o mesmo.

Como uma fotografia instantânea, ou como uma cena "congelada" para ser observada, o momento de êxito no aprendizado, de todo o *átomo social*, ilustra os benefícios da *inter-ação* e da *ação conjunta*, tão caras a Moreno.

Do ponto de vista *técnico*, podemos observar que, no *desempenho do papel de aluna*, a terapeuta utilizou, de maneira provavelmente adequada à situação, a *técnica do duplo*, criando a ação e o papel requeridos pelo momento. Esta técnica consiste na revelação, para o cliente (protagonista), por parte de um terapeuta (no caso, *ego-auxiliar*), de sentimentos e emoções que ele não está podendo reconhecer nem utilizar para melhorar a qualidade de seu desempenho (para ter um desempenho mais *espontâneo*).

Do ponto de vista moreniano, ainda, pode-se dizer que o terapeuta escolhe a técnica que permite a maior *espontaneidade*, dele e do(s) cliente(s), quando está em condições suficientes (incluindo-se nestas o aquecimento) para utilizar, de modo não distorcido, sua percepção do relacionamento interpessoal *hic et nunc*. Em outras palavras, quando utiliza bem seu *fator tele*.

É preciso reconhecer agora que é impossível que nossa percepção não tenha distorções. Mas Moreno não parecia estar louco quando preconizava a instrumentação desse tipo de *percepção* na terapia. Apenas propunha que os terapeutas procurassem desenvolvê-lo, na vida e em seu treinamento psicodramático.

Cabe agora perguntar se nós, psicoterapeutas, temos *consciência plena* de tudo o que está ocorrendo em nossa mente quando "reproduzimos" para alguém aquilo que (segundo pensamos ter percebido) se passa com esse alguém. A resposta óbvia é *não*.

Só há pouco (por exemplo) pude perceber o quanto posso estar querendo a aprovação do leitor e a confirmação de que aprendemos juntos alguma coisa, através da escolha do próprio exemplo ilustrativo: dupla de papéis "psicodramáticos" complementares, aluna-professora. Contudo, o que vale a pena destacar no exemplo é o conteúdo *contratransferencial* que pode estar presente nas escolhas de técnicas dramáticas feitas pelo terapeuta, principalmente quando este desempenha a função de ator, criando *contra-papéis*.

O tema *transferência* e *contratransferência*, já complexo na psicanálise, no psicodrama parece tornar-se ainda mais controvertido.

Mas a questão interessa, apesar de difícil, pois diz respeito às condições de possibilidade de um psicodrama analítico com crianças. As "chances futuras" desse tipo de psicoterapia dependem, em grande parte, de como entendemos a problemática da *contratransferência* e de como lidamos, *na relação*, com o fenômeno detectado por Freud.

Sem lhe dar nome, Freud (1913) descreveu deste modo algo que é incluído por Laplanche-Pontalis no verbete *contratransferência* (19, p. 146):

> "(...) tenho boas razões para afirmar que cada um possui em seu próprio inconsciente um instrumento com o qual pode interpretar as manifestações do inconsciente em outras pessoas".

No caso, ele estava se referindo a algo que ocorreu com o marido de sua cliente:

> "Seu marido compreendeu, sem nenhuma confissão ou explicação da parte dela, o que significava a ansiedade da mulher" (12, XII, p. 320).

Sem dúvida, uma leitura moreniana da situação relatada pode falar de *tele* ou de *co-inconsciente*, o que não me parece incorreto. Mas importa menos, agora, discutir o nome desse fenômeno relacional do que localizar a especificidade da compreensão, por parte do terapeuta, da manifestação inconsciente do cliente.

Freud escrevera antes (em 1910), observando que as manifestações (inconscientes) do cliente podem afetar o inconsciente do analista, de uma forma que pode ser nociva ao trabalho, e que, diante de tal constatação, faziam-se necessárias inovações de ordem técnica:

> "Outras inovações da técnica estão relacionadas ao próprio médico. Tomamos consciência da 'contratransferência' que nele surge como resultado da influência do paciente sobre seus próprios sentimentos inconscientes, e estamos inclinados a admitir que ele deve reconhecer esta 'contratransferência' em si mesmo e superá-la. Agora, que a prática psicanalítica vem sendo exercida já por um número considerável de pessoas, as quais trocam entre si suas observações, notamos que nenhum psicanalista vai além do que seus próprios complexos e resistências internas permitem; conseqüentemente exigimos que todo principiante inicie sua atividade com uma auto-análise e continuamente a vá aprofundando, à medida que observa seus pacientes. Aquele que não conseguir obter resultados em semelhante auto-análise, pode então desistir da idéia de ser capaz de tratar de pacientes na análise" (12, XI, pp. 144-145).

No breve exemplo comentado, sobre o papel psicodramático de professora desempenhado por uma criança, sugeri que a terapeuta, assim como o grupo do qual faz parte, estava também às voltas com sentimentos relacionados com sua vontade de aprender. Infelizmente não tenho condições de oferecer aqui exemplos próprios de situações mais difíceis. A coragem de Winnicott, mais uma vez, pode ser invocada para lembrar afectos e situações mais difíceis de admitir; por exemplo, as ocasiões *concretas* em que o ódio se manifesta na *contratransferência.*

Enfrentando agressões físicas de um paciente, um menino com o qual circunstancialmente conviveu em sua casa, várias horas por dia, Winnicott deparou-se com o que, no jargão psicodramático, se pode chamar de *"maximização"* das dificuldades do relacionamento.

> "O ponto importante para o objetivo desta comunicação é o modo pelo qual a evolução da personalidade do menino despertou ódio em mim e o que fiz a esse respeito.
>
> Bati nele? A resposta é não, eu nunca bati. *Mas eu teria tido que fazê-lo, se eu não soubesse tudo a respeito do meu ódio e se eu também não o tivesse deixado saber a respeito dele* (*ódio*). Durante as crises eu o segurava por meio de força corporal, sem raiva ou censura, e o punha do lado de fora da porta da frente, fosse qual fosse o tempo ou a hora do dia ou da noite. Havia uma campainha especial que ele podia fazer soar e ele sabia que se tocasse seria readmitido e nenhuma palavra seria dita sobre o que tinha se passado. Ele usava essa campainha tão logo ele tivesse se recuperado de seu ataque maníaco" (37, p. 200).

Na relação terapêutica, como em outras, é possível utilizar a *contratransferência* como instrumento e de modo criativo. É claro que muitas vezes o máximo que se consegue é evitar uma ação desastrosa. Mas quero chamar a atenção para a consciência que pode advir a tempo de se evitar a criação de um *contra-papel* que atenda *predominantemente* às necessidades neuróticas do terapeuta.

Apesar da obscuridade do terreno em que nos movemos, uma técnica de *interpolação de resistência,* cujo nome é tão ironicamente significativo, pode ser utilizada a favor do crescimento dos protagonistas envolvidos. Com efeito, é um recurso que permite ao terapeuta modificar o *contra-papel* diretamente (ou indiretamente) solicitado pelo protagonista. Não sendo a aluna que se submete à confusão imposta pela professora, a terapeuta pode utilizar seus sentimentos

> "para subordiná-los à tarefa analítica na qual (a terapeuta) funciona como um reflexo do espelho do paciente", como diria Paula Heimman.

Nesse momento, em que se pode entrever a articulação de técnicas psicodramáticas, tais como *duplo, interpolação de resistência* e criação de *contra-papel,* em função do reconhecimento da *contratrans-*

ferência, parece oportuno lembrar outra vez o quanto se pode aprender com Melanie Klein:

> "Com crianças de cinco a dez anos de idade, já participei de jogos desse gênero que se prolongavam de uma sessão a outra durante semanas e meses; e um jogo só era substituído por outro depois que todos os seus detalhes e articulações haviam sido explicados pela análise. *O jogo que se inicia a seguir geralmente apresenta as mesmas fantasias complexivas*, mas sob outra forma e com novos detalhes, que conduzem a camadas mais profundas. *Inge*, por exemplo, de *sete anos de idade*, poderia ser descrita como uma criança normal apesar de certos problemas, cuja extensão só foi revelada pela análise. *Por um lapso de tempo considerável brincou comigo de escritório, jogo em que ela era o gerente a dar ordens, ditando e escrevendo cartas, em contraste com sua grande inibição para aprender e escrever.* Nisto, seu desejo de ser homem era claramente reconhecível. Certo dia, abandonou esse jogo e começou a brincar de escolinha comigo. (Note-se que ela achava as lições muito difíceis e desagradáveis e que detestava a escola.) Esse jogo também se prolongou por um longo período. *Ela era a professora e eu a aluna, e o tipo de erros que me fazia cometer lançou muita luz sobre as causas de seu fracasso na escola.* Evidenciou-se que, pelo fato de ser a caçula da casa, suportava muito mal a superioridade de seus irmãos e irmãs, apesar de todas as aparências em contrário; e ao ingressar na escola, sentiu reproduzir-se a mesma situação. *Os detalhes das aulas que ela dava ao assumir o papel de professora revelaram a razão fundamental de sua intolerância* pela superioridade dos irmãos e, posteriormente, *sua aversão à escola*; seus *desejos* de conhecimento haviam sido precocemente *insatisfeitos e recalcados* (n).
>
> (n) No capítulo *n* é exposto o ponto de vista de que, em geral, as primeiras manifestações, e as mais fundamentais, do instinto epistemofílico, surgem numa etapa muito precoce de desenvolvimento, antes que a criança comece a falar. Segundo me consta, essas primeiras perguntas (que com toda probabilidade permanecem inteiramente ou em parte inconscientes) começam a manifestar-se concomitantemente com as primeiras teorias sexuais e com o aumento do sadismo, por volta da metade do primeiro ano de vida. Pertencem, portanto, ao período que, segundo o meu parecer, prenuncia o conflito edípico" (18, pp. 96-98).

Apesar de, neste caso, a autora estar mostrando, mais diretamente, o quanto podemos captar a respeito do cliente, *a partir do modo pelo qual ele desempenha um papel*, é claro que pode fazê-lo porque na sessão estava atenta para o *tipo de erros que a "professora" a "fazia cometer"*. Atravessou, por assim dizer, a "intolerância" da "professora" para ter acesso ao significado inconsciente dessa atitude.

Essa leitura pretende servir para exemplificar o modo pelo qual M. Klein impediu que qualquer (suposta) *contratransferência* interferisse de modo desfavorável na análise. Faço conjecturas, é verdade. O objetivo, de compartilhá-las com o leitor, é sugerir o enriquecimento que se pode almejar ao seguir as pistas de Moreno, sem submissão a seus rompantes antipsicanalíticos. Contudo, trata-se de uma ambição que às vezes tem que se contentar com os tropeções que comprovam a existência do caminho.

Começar a pôr os pés nesse caminho é difícil também pelo fato de, a todo momento, se apresentarem divergências entre os psicanalistas a respeito das questões cruciais que neles se encontram. Pesquisar a teoria subjacente à utilização da *contratransferência* como instrumento conduz à polêmica dentro da própria psicanálise. Phyllis Grosskurth, a respeito desse assunto, comenta:

> "(...) poucos analistas parecem saber que Melanie Klein e Paula Heimman tiveram um sério desacordo a esse respeito, Klein insistindo que a contratransferência é algo que interfere com a análise. Se você tem sentimentos a respeito de seu paciente, ela disse a Hayley *: — Você deve imediatamente fazer uma auto-análise; mas Paula estava elevando os sentimentos subjetivos à categoria de uma grande virtude" (15, pp. 378-379).

A comentadora lembra o efeito que teve sobre Melanic Klein a opinião de Freud, expressa em 1910, que citamos acima. Se Melanie Klein de fato pensava que Paula Heimman estava transformando em *"virtude"* os sentimentos subjetivos, não importa. A referência a um tal mal-entendido, porém, pode ser muito útil, principalmente para nós psicodramatistas, para refletirmos sobre a inocuidade ou o malefício da crença na mera valorização dos (bons) sentimentos do terapeuta. Afinal, Moreno louvou-os muito. Mas é preciso que se pense e que se procure também aprender para além das "palavras do pai".

Grosskurth lembra ainda que:

> "Bion, posteriormente, deu ênfase ao conceito de (contratransferência)" e que "geralmente se acredita que este se originou com Klein".

Vale a pena reproduzir a síntese que esta perspicaz biógrafa de Melanie Klein faz da questão:

> "Heimman asseverou que a recomendação de Freud, de que o analista deve reconhecer e dominar sua contratransferência, não conduz necessariamente à conclusão de que o analista deve se tornar sem sentimentos (*unfeeling*) e alheado, mas que ele deve usar sua resposta emocional como uma chave para o inconsciente do paciente.

---

* Analista que relatou o depoimento comentado.

O ponto de vista de Heimman não difere essencialmente do de Winnicott. O analista deve reconhecer e suportar os sentimentos nele despertos para *subordiná-los* à tarefa na qual ele funciona como um reflexo do espelho do paciente. *Há ocasiões em que o paciente força um papel por parte do analista e este último pode propiciar um* insight *profundo dos processos mentais inconscientes do paciente*" (15, p. 379).

Para o psicodramatista, é também essencial a distinção entre percepção distorcida e *tele,* na medida em que é preciso discriminar entre o *papel complementar* que o cliente tem o poder de inspirar e aquele que procura forçar. O uso terapêutico de sentimentos e emoções contratransferencialmente despertos *não* corresponde a atuações norteadas pelo espontaneísmo.

Sabemos que o *contra-papel* do terapeuta não pode satisfazer a carência do protagonista, nem seu sadismo, nem seu masoquismo, nem sua necessidade de proteção. A terapia se perde e se transforma em vínculo patológico quando se apresenta como uma vida alternativa ou como o bom hospício (12, XI, p. 145). Para diminuir a incidência de erros, que não estamos a salvo de cometer, a psicanálise tem pesquisado recursos que seria perda de tempo ignorar, sob a justificativa de que a prática psicodramática se dá "em uma outra linha". Parece preferível aprofundar a investigação até que fenômenos desconhecidos (cujo número, na verdade, constitui a maior parte daquilo com que pretendemos estar lidando) exijam mais de nossa criatividade.

Penso ter dado sugestões suficientes a respeito do que tem estimulado o prosseguimento neste trabalho, que considero psicodramático e psicanalítico, com as falhas e perplexidades que apresenta. Talvez seja pretensão julgar que alguma coerência teórica e metodológica tenha emergido de emoções e ambições tantas vezes caoticamente mobilizadas. Há, porém, a esperança de que este caminho possa ser iluminado pelos comentários de quem se der ao trabalho de ler também os exemplos que se seguem.

CENAS E SÍMBOLOS

A seguir encontram-se exemplos de situações de interação psicodramática às quais atribuo valor terapêutico. O objetivo, de realizar e comentar estas descrições incompletas, é sugerir os contornos da realidade existencial em que se baseiam tanto as afirmações quanto as conjecturas que vêm sendo feitas.

O SOM E A FÚRIA DOS "PUNKS"

Camila Salles Gonçalves

Rodrigo, 9 anos

I — AQUECIMENTO INESPECÍFICO

Enquanto eu abria o vidro da janela, ele se sentou sonolento no sofazinho. Perguntei, sem procurar apressá-lo: "Então, vamos fazer a nossa história?" Respondeu: "Vamos, cadê o patão...". Foi pegando o patão *, o cesto com dois pintinhos e a cenoura de pano (que na sessão anterior tinha representado um terceiro pintinho) e despejou os bonecos e fantoches do cesto cilíndrico de vime. Perguntei se queria escolher mais algum "para entrar na história". Disse que não, queria só o cesto. Aí achou a cabeça do boneco de borracha, cujo corpo encontrara separado na sessão anterior (o que parece tê-lo chocado) e que não quisera então procurar, apesar de eu lhe ter dito que a cabeça também estava no cesto. Expressou satisfação ao juntar a cabeça e o corpo e quando percebeu que havia mais um boneco do mesmo tipo.

Observei que o segundo boneco "também podia entrar na história". Concordou, animado. Comentou: "Que cabeção!" (o boneco, cuja cabeça estava antes desencaixada, de fato tem uma cabeça bem maior que a do outro; seus cabelos são louros, e os do outro, pretos. Ambos parecem adolescentes, e tem guitarras, em relevo). Colocou os dois frente a frente. Perguntei se queria inventar nomes para eles.

---

* Pato de feltro que tem mais ou menos cinco vezes o tamanho dos bonecos guitarristas que pegou depois.

Disse: "Era *Jão Bobão*", segurando o moreno. Mudou de idéia em seguida: "Não, Jão Bobão era esse aqui (o louro). E esse era o Beto Punk". Tentando arrumar os cabelos do boneco como os de um *punk*, perguntou se eu achava que dava. Achei que sim, e ajudei-o a arrepiar os cabelos dos dois. Voltou a colocá-los frente a frente, meio se chocando, meio se beijando.

Beto (Rodrigo): Cala a boca!

Jão (terapeuta): Mas eu quero falar...

Beto: Sssh...Cala a boca!

II — AQUECIMENTO ESPECÍFICO

Rodrigo iniciou o diálogo espontaneamente. O tom de voz de Beto (Rodrigo) era autoritário e, apesar de Jão (terapeuta) não mais ter insistido, ele repetia a ordem. A meu ver essa atitude e essa fala dramáticas continham uma reação a minha atuação na sessão anterior (da qual eu saíra achando que tinha falado demais, feito observações muito longas, apesar de sentir que eram necessárias); havia também um pedido de que o sigilo da sessão fosse efetivo, uma convocação para a cumplicidade, e a expressão do prazer em dominar o parceiro inferiorizado.

Acho que foi no momento seguinte que apontou, divertido, para as guitarras dos bonecos e eu disse que a gente podia fazer de conta que eles "tocavam as guitarras". Perguntou-me se tocavam *rock*, eu confirmei e comecei a cantarolar o que (com muito boa vontade) ele poderia imaginar que fosse um *rock*. Ficamos um tempo cantando e dançando. Beto (Rodrigo) cantava "em inglês" e eu parecia ouvir, no meio de palavras inventadas, a frase "to be together" *.

Rodrigo preparara as casas dos pintinhos, tal como na sessão anterior. Uma, era um cesto redondo, baixo, onde costumo guardá-los, juntamente com a galinha de pano; outra, o cesto cilíndrico, maior, no qual guardo os fantoches.

Beto (comandando): Vamos olhar ali, ó. Sssh, não faz barulho!

Os dois foram espreitar, através das frestas do vime, a casa mais alta dos pintinhos, onde eles se encontravam (dois pintinhos, apenas; a cenoura que representava um terceiro fora dispensada).

Beto (Rodrigo): Olha, é tudo verde!

---

* Quando, em sessão posterior, me certifiquei de que de fato emitira a frase, pois a repetira, perguntei se sabia o que queria dizer e Rodrigo negou. Comentei rapidamente que queria dizer "ficar junto" e, mais uma vez, fiz Jão Bobão repeti-la na cantoria.

A "casa" era forrada por uma pequena almofada verde. Jão (terapeuta) participava, como uma espécie de fiel escudeiro. Eles escalaram o alto (proporcionalmente) cesto de vime, chegaram ao topo e ficaram espiando os pintinhos.

Beto (Rodrigo): Vamos pegar os ovos!

Jão (terapeuta): Vamos! Será que tem?

Beto (falando baixo, em tom de conspiração e comando): Tem! Vamos lá!

III — PLENA DRAMATIZAÇÃO

Dirigem-se para o outro cesto (que está equilibrado sobre um terceiro, solução arquitetônica encontrada na sessão anterior, quando Rodrigo quis equilibrá-lo para ficar em pé, com a abertura em posição frontal. Lembra-me um ninho de joão-de-barro). Os dois vão se aproximando do cesto e... eis que Rodrigo faz surgir o "patão" (proporcionalmente enorme), e furioso.

Para mexer com o patão, Rodrigo deixa o boneco Beto jogado. O patão começa a massacrar os dois. Esmaga, chuta, pica. Deixo que expresse essa fúria e esse prazer, sem interferir, até que encontro o momento que me parece oportuno para opor resistência ao patão. Seguro Jão e Beto, que lutam contra ele *.

Jão e Beto (terapeuta): — A gente só ia pegar uns ovos! Sai, seu grandalhão!

Lutam, o patão continua tendo seu tempo para massacrar, mas continua também encontrando oposição. Arranca a cabeça de Jão Bobão, que a recoloca e diz:

— Puxa, quase perdi a cabeça nessa luta!

Rodrigo acha graça. A luta prossegue até que *Rodrigo* me diz:

— Agora eles deixavam!

O patão (Rodrigo) puxa os dois, que estavam caídos, para jogá-los dentro da casa-ninho.

---

* Penso que essa atitude é favorável na relação terapêutica com Rodrigo, basicamente por dois motivos:

1) porque as lutas lúdicas estimulam sua movimentação corporal, que é muito pobre e se mostrava paupérrima (no período de avaliação, anterior à terapia, *grosso modo* eu diria que seu corpo não acompanhava a cabeça);
2) porque sem impedir a expressão da fantasia inconsciente, o contrapapel muitas vezes equivale à interpretação, sem que sejam necessários comentários, que podem *desaquecer* a cena.

Patão: Agora vocês vão ser torturados!

A casa-ninho é agora uma espécie de máquina de tortura, que Rodrigo faz girar, fazendo o patão socar os dois, bicando e esmagando. A pedido de Rodrigo não estou fazendo os corpos dos bonecos se mexerem, mas protesto uma vez:

— Não, nós não queremos ser torturados!

Rodrigo faz a cabeça do patão entrar e sair da abertura do cesto, mostrando o movimento cujo sentido manifesto * é "torturar".

O patão ordena firmemente aos pintinhos que comam Beto e Jão. Como voz "dos pintinhos", pergunto o que vai ("nos") acontecer, quando os comermos. O patão não responde imediatamente. Depois, diz que *vão ficar inteligentes*. Os pintinhos (terapeuta) acham isso muito bom e o dizem. O patão faz perguntas de aritmética. Os pintinhos respondem rápida e corretamente **.

Comento (fora do papel):

— Parece que o Jão não era tão bobão...

Imediatamente Rodrigo ressuscita Jão e o faz responder errado a todas as perguntas do patão. Pego os pintinhos e os faço dizer, um para o outro:

— A gente já era inteligente!

Rodrigo sorri para mim (*Insight dramático*). Agora me pede que diminua a luz da sala ***. Diz:

— Era depois da meia-noite!

Depois me avisa, quando acha que a luz está no ponto que deseja:

Rodrigo: — É madrugada.

(O sol começa a nascer.)

Jão e Beto estão jogados fora do cesto cilíndrico, onde o patão pôs os pintinhos para dormirem sobre uma almofada. Rodrigo, segurando um pintinho, está muito contente com a iluminação, e poético, completamente embevecido.

---

* Não acho conveniente iniciar neste momento a interpretação das fantasias sexuais (sádicas), conteúdo latente da dramatização, que associam relação sexual (a meu ver também simbolizada nessa seqüência) e tortura. Aguardo.

** Não paro toda vez a dramatização para perguntar à criança qual deve ser o desempenho do *contra-papel*; como vimos há pouco, Rodrigo, que já está na sua 17.ª sessão, dirige de outra forma, quando lhe convém.

*** Parece não querer se afastar da cena, que faz se desenrolar sobre uma mesa, para graduar o botão do reostato.

Rodrigo: — Era o sol mais lindo, que estava nascendo, aqui perto da nossa casa...

Como voz de outro pintinho, compartilho do encanto. Inspirado, Rodrigo começa a fazer Beto e Jão se erguerem; em seguida, ele os faz tocar e dançar. Cantarola.

Quando me parece o momento, faço os pintinhos assistirem ao espetáculo (como se estivessem espiando pelas frestas da sua casa) e comentarem que é mesmo muito bonita essa madrugada e que é "muito legal o que o Beto e Jão estão fazendo" *.

"Beto e Jão" (Rodrigo) estão inteiramente presentes à sua própria "performance". Como Jão, comento que esta música que estamos tocando e cantando é muito bonita, e Beto (Rodrigo) responde (acreditem se quiserem):

— É Beethoven.

A música prossegue, até que Rodrigo resolve, por conta própria, fazer novamente entrar em cena o patão, depois de me pedir para aumentar o "sol", porque "agora já estava mais tarde". À plena luz da manhã, o patão vem furioso atacar os dois. Eles (terapeuta) protestam:

Beto e Jão (terapeuta): — A gente só estava tocando e cantando, música muito bonita, Beethoven, estava tão bom, tão gostoso, sai seu grandalhão! Os pintinhos também estavam gostando...

Não adianta. O patão os vence e os joga, desta vez, dentro da casa cilíndrica. Surpreende-me dizendo:

Patão (Rodrigo): — Agora vocês vão sofrer uma EVOLUÇÃO!

Pensando ainda que o patão está falando com Beto e Jão, pergunto, a partir do papel deles:

Beto e Jão (terapeuta): — O que é isso que você vai fazer com a gente?

Rodrigo me mostra, então, que são os pintinhos que vão passar pela *evolução* e que vão se transformar em meninos-*punks*-músicos. Uma vez *evoluídos*, Rodrigo os faz sair do cesto, enfrentar (socam, massacram e torcem-lhe o pescoço) e vencer o patão.

Desta vez manipulo o patão, que reage um pouco, mas é vencido. Vitorioso, Beto (Rodrigo) diz para (mim) Jão:

---

* A atitude "dos pintinhos" é deliberadamente oposta à do "patão". Não se trata de mero "reforço", pois permite que o protagonista se reconheça na necessidade de aprovação, como se pode notar por aquilo que ocorre na seqüência.

— Vamos pegar o carro? *

Jão (terapeuta) concorda, entusiasmado. Saem para o mundo (saem da mesa), por iniciativa da *direção dramática* ** de Rodrigo, e vão parar em outro lugar (sofá). Chegando lá, Beto diz que vão pôr música (no carro?). Pergunto, como Jão, se agora vai ser Beethoven ou Sting ***. Beto (Rodrigo) responde a Jão que vai ser Sting.

Beto e Jão dançam (continuo a ouvir o "to be together").

Rodrigo pega os dois bonecos e torna a colocá-los frente a frente, beijando-se.

Jão Bobão (terapeuta): — Agora a gente pode fazer o que quiser...

Rodrigo me responde fora do papel:

— Agora a gente pode pôr na história o Marcos! ****

Concordo.

Marcos inicia a ação, propondo aos dois que virem o carro. Inicia-se o quebra-quebra.

A um dado momento, Rodrigo lembra que a menina (boneca que representava a irmã em outras sessões) também podia "entrar".

Marcos é posto de frente para a boneca *****, por Rodrigo, que começa a fazer com que se beijem e se encostem um no outro. Jão e Beto dizem que também querem namorar ******.

---

* Rodrigo formula deste modo a pergunta, referindo-se a um carrinho que foi usado em sessões anteriores, como esclareço nas páginas que se seguem.

** Nesta sessão Rodrigo já domina várias possibilidades de utilização de técnicas psicodramáticas. Não preciso sugerir que pegue outro fantoche ou boneco para representar os pontos de vista de outros personagens (desempenho de mais de um papel e troca de papéis). Além de ser muito inteligente, gosta de dirigir porque é um pouco *pat(r)ão*. Provavelmente, tem essa atitude em relação à irmã, quatro anos mais nova. O terapeuta, *ego auxiliar* na função de ator, assemelha-se a Sancho Pança, que acompanha o herói protagonista em suas aventuras. Assemelha-se, nessa função, ao amigo imaginário.

*** Aproveitei a estada do cantor em São Paulo, amplamente noticiada, para brincar e mostrar a minha aceitação do *rock* ou do clássico.

**** Marcos era o personagem central das histórias das sessões anteriores. Retornava, pois, para se associar a Beto e Jão.

***** Não perguntei o nome. Nas sessões anteriores ela era irmã do Marcos.

****** Deste modo, pretendo espelhar, sem censura, o que está simbolizando com os bonecos. Como se observa na seqüência, com esse comentário, acabei facilitando a manifestação do tema da competição com outros *meninos*, ou seja, da luta com outros homens, pela posse da mulher. Os personagens de Rodrigo me lembram o ataque da horda primitiva ao chefe (patRão) pela posse das mulheres e a luta posterior entre irmãos. Enfim, *Totem e Tabu* revisitado.

Rodrigo volta-se para mim e diz:

— Vamos pegar aquelas bobonas!

Mostra que se refere às bonecas de uma familiazinha com a qual não quisera brincar. Beto e Jão (terapeuta) namoram suas bobonas. Marcos (Rodrigo) implica com as bobonas * e exige que os outros dois as ponham para correr. Faço com que obedeçam, mas, depois disso, aproximo os dois bonecos da namorada de Marcos. Rodrigo reage firmemente:

Marcos (Rodrigo): — Não, essa é minha!

Resolve reiniciar o quebra-quebra e introduz os avós de Marcos, que vêm tentar impedir a ação da gangue (Marcos, namorada, Beto e Jão).

O avô de Marcos é trucidado, e em seguida, a avó. Rodrigo mostra ódio, fúria em suas expressões faciais.

Marcos (Rodrigo): — Sua velha!

Transforma o carro em máquina de tortura **. A tortura consiste em enfiar a cabeça do boneco na janela do carro e em torcer seu pescoço.

A boneca que representa a avó é socada. Mortos os avós, Marcos e o bando (terapeuta) saem quebrando tudo. Uso meus bonecos às vezes simplesmente obedecendo, às vezes perguntando *como* ou *por que* vão quebrar.

Jão Bobão (terapeuta): — A gente é *punk*, a gente quer quebrar tudo!

Procuro tirar partido do fato de ele ser bobão para empregar um tom de voz meio apático, que nem estimule nem reprima. Mas Rodrigo está superaquecido.

Marcos comanda o quebra-quebra e procura mais coisas para destruir. Destrói uma cidade imaginária, que Rodrigo não se dá ao trabalho de montar, e que é "projetada" nas duas almofadas de encosto do sofazinho. Simboliza *** seios maus? O sofá é de um bege rosado, facilita este pensamento pela forma e pela cor das almofadas.

---

* Tenta evitar, por meio de denegrimento do objeto, os ciúmes e a inveja.

** Rodrigo parece simbolizar ao mesmo tempo o coito e a castração. Identifica-se neste momento com o agressor castrador. As janelas, furos, casas também são vaginas muito perigosas, "máquinas de tortura".

*** Como já disse, evito interpretações que tomam símbolos numa única direção. Por outro lado, não havia, tanto quanto eu podia perceber, *deixa* favorável para fazer comentários neste momento.

Rodrigo passa a fazer de conta que as almofadas são uma parede que tem quadros *.

Marcos (Rodrigo) propõe quebrar os quadros. Os outros concordam.

Jão Bobão pergunta:

— Vamos quebrar tudo? Todas as obras de arte? Os discos de Beethoven?

Marcos (Rodrigo) diz que sim, que vão quebrar tudo. Rodrigo vai assumindo a expressão corporal de *punk*, desenvolto, agressivo e feliz com a destruição que prossegue, até que começo a avisar que a sessão está terminando.

Pergunta se pode guardar o carro (máquina de tortura) na sua caixa. Comento que parece mesmo que gostou muito de *usar* o carro, que providenciarei para que o encontre no mesmo lugar na próxima sessão.

Rodrigo guarda os brinquedos de um jeito displicente, deixando a maior parte para mim (pela primeira vez). Sai sorridente e cantarolando a música "de Beethoven".

IV — HISTÓRIAS DE SESSÕES ANTERIORES

— Quem é *Marcos*?

Em todas as sessões anteriores, com exceção da última e da penúltima, Rodrigo utilizou uma família de bonecos pequenos composta por: três bonecas — uma com aparência de avó, uma de lenço na cabeça, uma mais bem vestida; dois bonecos "adultos", um de cabelos pretos e o outro de cabelos claros que não chegam a ser brancos (não tem tanto jeito de avô); dois bonecos menores, um menino e uma menina, e um bebê enfaixado, menor do que um polegar.

Os personagens de Rodrigo eram: pai (boneco de cabelos claros), avô (cabelos escuros), avó, mãe, três filhos e empregada.

* A casa onde tenho consultório é dividida com uma colega e com um artista plástico, que tem entrada independente para seu atelier. Há quadros seus na sala de espera e Rodrigo sempre olha bastante para estes. Creio que já ouviu falar na presença do artista na mesma casa. Por outro lado, convém lembrar que Rodrigo desenha muito bem e, segundo seus pais, gosta muito de suas aulas de arte. É provável, pois, que esteja também expressando ciúmes de um homem grande, com o qual gostaria de competir, e raiva, pelo fato de seus *quadros* estarem nas *paredes* da casa da terapeuta.

Desde o início a empregada era claramente odiada. Nos "primeiros capítulos", as crianças começavam suas transgressões atacando a empregada. Depois, pegavam o carro do pai, sem autorização, e o resto da família os perseguia. Depois de muita confusão, os membros da família iam, um por um, sendo massacrados, por Marcos e pela menina, com exceção do bebê.

Nas lutas com o pai, Marcos geralmente *torcia seu pescoço*. Depois passou a torturá-lo na "máquina de tortura". Com essas *catarsis* agressivas de Rodrigo, o boneco pai acabou tendo sua cabeça descosturada. Diante da ansiedade manifesta de Rodrigo, eu lhe dissera também que tínhamos agulha e linha na sala e que poderíamos consertá-lo quando quisesse ou se quisesse.

Na penúltima sessão, ele me perguntara se não havia outra família de bonecos. Eu lhe mostrara outra, formada por bonecos um pouco maiores, de outro formato (família das "bobonas"). Esclarecera que queria outra, do mesmo tipo.

Então eu lhe havia dito que, se quisesse, poderia "fazer outra história com a mesma família" ou, então, formar outra família com outros fantoches e bonecos do cesto.

Rodrigo preferiu usar (pela primeira vez) a galinha, os ovos, os pintinhos e um pato, que acabou sendo um pintinho que crescia muito, botava a galinha para correr e cuidava dos outros pintinhos.

Numa das sessões anteriores, havia, na história, um grupo de amigos: o sapo, o jacaré, os macaquinhos e o elefante, que era o chefe e dominava todos. Com exceção dos macaquinhos, pequenos, e "bichos de estimação" dos outros, ocorriam muitas lutas entre os personagens animais, para a representação dos quais usamos fantoches de luva. O elefante, segundo a direção de Rodrigo, acabava vencendo. No fim de uma sessão, Rodrigo ficara mexendo na tromba de outro elefante, que é de plástico inflável, e eu comentara que achava que ele, às vezes, também gostava de ficar mexendo em seu próprio corpo. Respondeu (aparentemente tranqüilizado) que era isso mesmo:

— Às vezes, antes de dormir, eu fico pegando aqui (põe a mão na frente do pênis).

V — ALGUM "PROCESSAMENTO"

Seguramente, na fúria dos *punks*, não há apenas expressão de impulsos sádicos, como já sugeri. O coito e a tortura são também simbolizados em fusão e o chefe de família, o que tem direito à atividade sexual e o poder de realizá-la, é castigado no ato. Entre outros significados temos uma bela versão do Édipo.

Comentando o artigo de Freud, redigido em 1924, "A Desaparição do Complexo de Édipo", Moustapha Safouan (32, p. 73) * realiza uma síntese daquilo que, enquanto universal, abrange situações semelhantes a esta vivida por Rodrigo:

> (...) depois de ter colocado a observação do órgão genital feminino como sendo a experiência na qual se quebra a incredulidade da criança, *o próprio Freud, a partir do parágrafo seguinte, traz o problema para o campo do desejo.* Não se deve esquecer, lembra ele, que *a vida sexual da criança,* nessa época, não se esgota de forma alguma na masturbação, mas *comporta investimentos objetais* que se dirigem em parte para sua mãe, em parte para seu pai. Para este, no duplo sentido de que o menino quer tomar o seu lugar junto à mãe, assim como o lugar desta junto dele — é o Édipo passivo ou invertido. Mas, uma vez a ameaça de castração levada a sério, todos esses investimentos são bloqueados, uma vez que sua satisfação comporta a perda do pênis. "Se a satisfação amorosa no campo do complexo de Édipo deve custar o pênis, então chega-se necessariamente ao *conflito entre o interesse narcísico por essa parte do corpo e o investimento libidinal dos objetos parentais.* Neste conflito, *é normalmente a primeira dessas forças que vence*; o ego da criança se desvia do complexo de Édipo" **.

Esta citação é feita visando uma revisão e uma reflexão sobre a questão.

Durante as sessões, não tentei interpretações que fossem além de assinalamentos e comentários feitos por personagens. Eu procurava, antes, *sem estragar a brincadeira,* apreender a singularidade do Édipo ainda não "afundado" de Rodrigo.

Sem dúvida há pontos interessantes por serem esclarecidos. Há também uma agressividade dirigida à mãe, deslocada para a avó e a empregada. De quem é o bebê, que preserva? Com quem e como quer ter bebês em seu desejo? São perguntas que podem ou não ter importância. Aguardemos.

---

* Grifos nossos.

** Freud, *apud* (31). Tradução francesa de "Der Untergang des Oedipus Complexes", sob o título "La Disparition du Complexe d'Édipe", *in La Vie Sexuelle,* p. 117.

UMA NAVE (PARA TRÊS?) CONTRA O MONSTRO DO ESPAÇO

Camila Salles Gonçalves
Co-autora: *Carmen Lenci Lamas*

Luciano
Orlando Grupo — 8 anos
Tico

Carmen
unidade funcional
Camila

O grupo inicial era formado por cinco elementos, mas dois haviam saído. Preferimos (terapeutas e crianças) dar continuidade à terapia e deixar o grupo aberto para a entrada de novos companheiros. Geralmente não iniciamos grupos de terapia com três elementos, pois este é um número facilitador de dinâmicas caracterizadas pela tendência à exclusão de um dos componentes.

A TRIPULAÇÃO

Os três subiram correndo e bateram a porta, deixando-nos do lado de fora. Empurramos a porta, que eles não tinham conseguido ou não tinham tentado trancar. Orlando, que estava bem diante da porta, ergueu os braços (como se estivesse de mãos ao alto) e fez expressão de semi-susto.

Começaram a juntar cadeiras e a construir juntos uma nave espacial. Assinalamos que estavam construindo uma nave *para os três*. Orlando disse que hoje "*ia ser tudo igual*" à sessão anterior. Entusiasmou-se e disse que a "*lei*" ia ser essa: "*ia ser tudo como antes*".

Retransmitíamos * o que cada um dizia, primeiro para nos certificarmos de que os outros estavam ouvindo e para saber se concordavam.

Pareciam não se importar muito com a retransmissão, mas ouviam.

Construíam febrilmente e o resultado apresentava visíveis modificações: a nave era muito maior do que a da sessão anterior e fizeram uma parede frontal, antes inexistente, empilhando almofadas. A pilha parecia uma barricada, mas Luciano disse que era um sofá. Um deles (qual?) acrescentou que era para *quando tivessem visitas na nave espacial.*

Assinalamos que "hoje" os tripulantes da nave *tinham amigos*... Concordaram, mas Orlando disse que havia *também um monstro.* Uma de nós perguntou:

— Quer dizer que sempre que tem um amigo tem que ter também um inimigo?

Responderam afirmativamente. Orlando mexia nas luzes ** e falava, sem que lhe respondessem ***.

Os outros dois construíam, inventavam mininaves que podiam se destacar da nave maior e voar.

Começamos a "reprimir", de modo evidentemente caricatural, dizendo que não podiam fazer desta forma, que isso contrariava a "*lei*", pois era diferente da outra sessão.

Logo, Orlando achou que não precisava ser tudo "igualzinho".

Os outros dois continuavam a não lhe dar muita "bola". Mesmo assim, comentamos (dirigindo-nos a todos) que estavam percebendo que podiam aproveitar as boas idéias de antes e ainda ter idéias novas. Mal uma de nós acabara de falar, Tico perguntou:

— É a idéia de um de nós ou de dois que vale? ****

---

* *Retransmissão*: variação da técnica psicodramática de *espelho*, que pretende propiciar mais oportunidade ao protagonista de ver e de ouvir a si mesmo.

** O controle do equipamento de iluminação, composto por luzes de várias cores, diversos reostatos e interruptores, era freqüentemente disputado pelos meninos. Neste momento, Orlando não conseguiu provocar disputa.

*** Neste momento a fala aparece pela segunda vez com o poder de exclusão que lhe é emprestado pelo grupo. No *hiperaquecimento* a fala torna-se barulho que pode confundir e/ou excluir as terapeutas. Depois, pela ausência de resposta, Orlando é excluído.

**** Quando Orlando tenta participar, aceitando a mudança, Tico relembra "*a lei* antiga", numa formulação ambígua, que nem sequer menciona o número "3".

Carmen respondeu, observando:

— O Tico está lembrando que foi combinado que, em cada sessão, íamos partir da *idéia de um* *.

Lembramo-nos de que hoje era a sessão do Luciano, e, aparentemente, todos concordaram "numa boa".

Todos falavam, mais ou menos ao mesmo tempo, de seus personagens. Luciano "voava" e dizia:

— A gente podia voar no espaço!

Tico acrescentava:

— A gente era de outro planeta!

Fazendo "macaquices", equilibrando-se sobre móveis, pulando, Orlando disse:

— A gente (ou Eu?) era macaco acrobata.

Retransmitíamos. Quando Luciano parecia estar concordando com Orlando, Tico protestou:

— A gente não era macaco! A gente era plutonildo!

Luciano dizia, conciliador:

— A gente era *bicho do espaço.*

Orlando reafirmou a tentativa de conciliação de Luciano, que favorecia a sua proposta, mas opondo-se a uma "vontade" grupal:

— *Eu* era macaco do espaço.

Finalmente, Tico fez sua aparente conciliação:

— Então a gente era plutanacos.

Retransmitíamos o que conseguíamos ouvir. Tico disse que *não queria que fossem animais* **.

Os outros dois aceitaram seu protesto (e sua idéia) e decidiram que iam ser todos *plutonildos.*

---

* Em sessões anteriores tinham decidido que, em cada sessão, seria *dramatizada* a história (idéia, idéias para a história, tema etc.) proposta por um dos elementos. Este foi um critério para a ação, adotado pelo grupo, como modo de garantir a vez de cada um, mesmo quando alguém não fosse espontaneamente apoiado pelos demais no tema que propunha.

** O protesto de Tico, além de seu papel de líder agressivo (agressividade verbal que coincide com sua criatividade verbal), protagoniza também uma defesa em relação à regressão do grupo a uma fase anterior, mais primitiva e mais dependente, em que só criavam papéis de animais.

Iam para fora e voltavam para a nave, que desmanchavam nas entradas e saídas, depois reconstruíam. Orlando começou a ficar aflito e a reclamar da "*bagunça*".

Perguntamos:

— Mudar a forma da nave é bagunça?

Tico respondeu:

— A nave crescia quando a gente queria.

Depois de alguns minutos de vaivém, solicitaram que uma de nós fizesse o papel de um *monstro* do espaço.

UM MONSTRO E SUAS FUNÇÕES

Excitaram-se (hiperaquecimento), todos queriam o monstro. Orlando respondeu, após perguntarmos, que Camila devia desempenhar o papel, porque Carmen tinha sido o monstro na sessão passada *.

Luciano disse que *quem mandava hoje* era ele **.

Orlando pôs a mão no coração e disse:

— Ai! O meu sopro no coração!

Perguntamos se tinha sopro no coração.

Respondeu que sim, que quando tinha 7 anos o médico tinha dito que tinha um problema de sopro no coração e que depois o sopro tinha sarado, mas que agora "estava só com um pedacinho (de sopro no coração)".

Insistimos ***, perguntando há quanto tempo o médico tinha dito isso.

---

* Foi atencioso para com a *unidade funcional*. De fato, não aceitávamos que o grupo escolhesse sempre a mesma terapeuta para fazer o mesmo papel. Procuramos não fortalecer distribuições maniqueístas de papéis por parte do grupo e evitar que um dos terapeutas se transformasse em um judas para ser malhado.

Orlando procurava respeitar "a lei" das terapeutas e, provavelmente, obter um mínimo de aceitação, pelo menos por parte destas.

** Nítido confronto de "leis" e, mais uma vez, rejeição da sugestão de Orlando.

*** Quando uma de nós pergunta, assinala etc., nem sempre temos condições, ao escrevermos o que lembramos da sessão, de saber qual das duas terapeutas disse isto ou aquilo. Trabalhamos há anos em co-terapia, verdadeiramente como *unidade*. É claro que, enquanto uma de nós travava esse diálogo com Orlando, os outros não paravam sua atividade.

Orlando respondeu que não tinha ido ao médico, mas, quando tinha sete anos *, o médico havia dito que só iria sarar quando fizesse treze anos, e que, "então", ele "ainda tinha" (sopro no coração) **. Estava "*sentindo uma coisa,* uma formiguinha" ***.

Comentamos que tinha sentido "*a formiguinha*" na hora em que estávamos falando a respeito do *monstro* e em que o Luciano tinha dito que era ele, Luciano, quem *mandava* hoje. Acrescentamos que, mesmo se a gente não tem sopro no coração, *a gente muitas vezes sente "uma coisa" no coração, sente* que o *coração está batendo diferente.*

Insistiram na presença dramática do monstro e entramos todos em acordo a respeito de Camila **** desempenhar o papel.

Dirigindo o *aquecimento específico* para esta dramatização, Carmen perguntou *como* era o monstro "hoje" *****.

Tico disse que "*o monstro tinha a cabeça na perna...*". Luciano, que "*o monstro tinha duas cabeças*" ******. Orlando começou a dizer que "*a boca era no lugar do nariz* etc." e começou a mostrar, que "*a boca era aí* (no ombro de Camila)" e prosseguiu na distribuição aberrante dos órgãos da face ******* sem que fôssemos capazes de memorizar os detalhes. Todos falavam ao mesmo tempo, propondo *monstruosidades* sem que pudéssemos acompanhar suas descrições. Pareciam se divertir também com a impotência do ego auxiliar diante de tantas consignas.

---

* "Doença" de quando era menor. A referência aos 7 anos aparece novamente. Sente também que fez progressos na terapia, mas falta "um pedacinho"?

** Entre outras coisas há uma racionalização por meio de elucubração "científica", típica do período das "operações concretas" (Piaget).

*** É possível também que tenha querido minimizar a emoção que estava sentindo, ao mesmo tempo em que se mostrava como o que *possuía* uma *doença,* com a qual solicitava mais *atenção* por parte das terapeutas.

**** A "lei das terapeutas" prevaleceu.

***** Tecnicamente fazendo-nos de desentendidas, ou seja, jamais colaboramos com a *cristalização* de um *papel psicodramático,* por mais que nos lembremos de suas características na sessão anterior. Às vezes algumas crianças insistem, querendo saber qual é a nossa lembrança ou não querendo perder tempo da brincadeira. Pedimos então que mostrem "só um pouco" *como* é a personagem "*hoje*". Permitimo-nos depois introduzir mudanças espontâneas no papel, desde que a criança ou o grupo as aceitem. Quando não, e quando não prejudica o entusiasmo (ou o *aquecimento*) com a brincadeira, pedimos à criança ou ao grupo que dirija o *ego auxiliar ator* no seu desempenho.

****** Entre outros significados simbolizados, a *cabeça* (Tico sem dúvida valoriza muito a sua) recoloca a questão de quem era a cabeça do grupo. Quanto a nós, Luciano tinha razão.

******* Da face ou da *cabeça.* Parece que desmancha a cabeça, instaura o caos e permite (é protagonista, neste sentido) que se expressem outros conteúdos, anteriormente não manifestos.

Luciano disse que "*o monstro tinha duas caras: uma na frente, outra atrás*".

Carmen perguntou se *o monstro enxergava dos dois lados.* Parecendo terem ouvido, não responderam.

Enquanto todos falavam, inclusive ele, Tico tinha feito uma outra nave separada (que não estava na história), com duas cadeiras grandes que ainda não tinham sido usadas. Ia até a primeira nave e visitava os outros dois. Quando ele se aproximava, a nave "se" abria para ele entrar e "se" fechava imediatamente.

Com a visita, os três conversaram alegremente "*em plutoniano*", mais ou menos assim:

— Plim, plói, plan, pim...

— Pleim, plan, pim, póin...

— Plói, pim, plim...

Divertiam-se muito e parece que mais ainda quando Carmen assinalava que tinham inventado uma *linguagem só deles, que nós duas não podíamos entender* e, quando acrescentei, que esse era um outro *jeito de nos deixar de fora.*

Depois de algum tempo, cada um ia e voltava para a primeira nave, conversando ainda em plutoniano. Após alguns minutos resolveram voltar a se dirigir a nós, dizendo como deveria ser o monstro.

Tico *, aí, disse que o monstro "*tinha pênis num olho e aquele negócio de mulher no outro olho*".

Perguntamos como se chamava "aquele negócio de mulher". Responderam que não sabiam ou (?) que não se lembravam.

Dissemos rapidamente o nome, "vagina", e preparamo-nos para a dramatização **.

DRAMATIZAÇÃO COMBINADA

Camila diz que não tem pênis, porque é mulher, mas que "vai fazer de conta" que é "um monstro" e "que tem pênis". E que tem "pênis no olho" etc.

Um deles fala em "cu" (é aí que mostram uma certa confusão entre "cu" e vagina?). Começam um papo sobre o número de aber-

* Porta-voz e tradutor?

** Não lembramos exatamente a seqüência dos fatos. Apenas supomos que seja esta.

turas que a mulher tem e que o homem tem. Fazem trocadilhos com "ânus" e "anos". Um deles (Orlando) diz:

— Tenho oito *ânus.*

Camila pergunta:

— Oito "cus"?

No meio dessa conversa, em plena balbúrdia, Orlando comenta que, no judô, um menino caiu por cima de outro. "Para mostrar como", faz Luciano cair de costas e deita sobre ele. Luciano, que é maior, inverte a posição com facilidade, mais ainda porque Orlando parece facilitar.

Finalmente * começamos a dramatização.

O monstro (Camila) diz:

— Vou entrar na abertura da nave com o meu pênis (braço direito esticado à frente do olho direito)...

Orlando parece se apressar para arrumar as almofadas que fecham a nave; Tico diz:

— Não vale! Não tinha isso!

Os outros dois logo concordam.

O *ego-auxiliar* (Camila) fica à vontade para ser *um monstro qualquer* e há correrias de pega-pega pelo espaço, durante as quais o monstro só pode pegá-los quando há uma combinação **.

---

* Não nos lembramos de como se desmanchou a brincadeira homossexual, mas foi rápida e não precisamos interferir para impedir agressão do tipo empurrões ou coisa semelhante. Este grupo tem condições de maturidade de respeitar certos limites. Tem "a lei" introjetada.

** Em várias sessões do grupo, a combinação a respeito da brincadeira com o "inimigo" era a seguinte:

O inimigo era dotado de algum raio, arma ou poder de *congelar.* Quando alguém era apanhado, ficava congelado (paralisado) até um certo número combinado (10 ou 15, por exemplo) que servia para marcar o tempo. O grupo, ou a terapeuta que estava na direção, contava até esse número. Aí o congelado se descongelava e fugia ou era salvo pelos companheiros, mesmo congelado. Havia várias combinações de possibilidades. Às vezes o monstro congelava o salvador ou recongelava este e os que iam ser salvos etc. Criativamente, este grupo transformou em brincadeira uma das técnicas do Psicodrama, a técnica do *congelamento,* que consiste em pedir que o grupo paralise a cena e se olhe para captar o que se passa. As terapeutas haviam proposto essa técnica numa das primeiras sessões. Não nos lembramos se o "congelamento" ocorreu nesta sessão, cujo relato, redigido imediatamente após, não foi concluído com todos os detalhes.

PROCESSAMENTO DAS FUNÇÕES DO MONSTRO

O monstro é um *papel imaginário da criação grupal* (incluindo-se as terapeutas). Como tal, não é de todo nítido, seus contornos são também trabalhados pelo *co-inconsciente grupal.*

Velho amigo do grupo, sua aparição freqüente, desde sessões anteriores, tinha várias funções, ou seja, o monstro emergia de um *cacho de papéis*: inimigo, objeto sexual, vítima, companheiro, profeta, e, representava, simbolicamente, as terapeutas. Sem pretender estabelecer categorias que esgotem seu significado, damos alguns exemplos que ressaltam as funções deste personagem:

a) *unir* o grupo "contra a ameaça externa", ou seja, proporcionar um meio para as ameaças se apresentarem como "externas";

a') *catalisar a fusão* grupal — estado procurado e temido, que permite "três experiências: a da solidariedade, a da pertinência (ou integração) a uma realidade coletiva nova e a do outro como regulador de minha ação, na ação comum" *;

b) *ser* o depositário, tanto de sua curiosidade a respeito de sexo (que foi sendo progressivamente liberada) quanto de suas fantasias e teorias sexuais;

c) *permitir* a expressão do sadismo do grupo, enquanto vítima ou bode expiatório **;

d) *ser* um companheiro de brincadeira "maiorzão", permitindo fluir a espontaneidade das crianças e do *ego-auxiliar*;

e) *interpretar,* de modo não maçante, aspectos inconscientes da fantasia evidenciada, ao ver do terapeuta, pelo grupo de crianças;

f) *facilitar* a comunicação transferencial, contratransferencial e télica.

---

* O conceito de fusão tem um sentido preciso na crítica sartreana. Retomado por Anzieu (4, p. 43), é, aqui, apenas inspiração para a compreensão da dinâmica.

** Obviamente não é possível fazer distinção efetiva entre ataques "ao monstro" e ataques à terapeuta que o encarna, no *papel psicodramático.* A distribuição das funções de *direção* e *desempenho* de papéis entre a *unidade funcional* permite lidar com este tipo de situação. A terapeuta que dirige *deve* socorrer a terapeuta-atriz em caso de ataque físico, interferindo por meio de *assinalamentos* ou *ação* (direta). É freqüente que os agressores colaborem com seu próprio desmascaramento quando sorriem ou comentam que foi "*sem querer querendo*". A passividade do terapeuta no papel de vítima é desastrosa e culpabilizadora.

O AVIÃO E A MORTE *

Camila Salles Gonçalves
Co-autor: *Arthur Kaufman*

GRUPO DE PRÉ-ADOLESCENTES:

José Mauro
Roberto
Márcia
Neide
Ana

UNIDADE FUNCIONAL:

Arthur e Camila

Curtiam sua algazarra acintosamente. Encaravam-nos apenas por segundos ou dirigiam-se a nós apenas para se acusarem, jocosos, uns aos outros, com frases do tipo: "Olha aí, Arthur; olha aí, Camila; essa menina (Ana) não fica quieta; assim não dá para fazer sessão!".

Os quatro acotovelavam-se num cantinho da sala, sentados nos banquinhos, mas arrastando-os, encostando-os e desencostando-os da parede, cochichando, rindo etc.

Ana tomara lugar a dois banquinhos de distância (dispúnhamos de nove, em volta do tablado), bem de frente para nós. Depois voltou a seu primeiro lugar, gargalhando estrepitosamente como reação às agressões do grupo. Atravessou o tablado, foi até a caixa de brinquedos, pegou um pequeno jipe de plástico, jogou sobre o tablado e pôs-se a chutá-lo.

---

* **Do trabalho "Psicodramatista, Mulher e Criança" (13).**

Comentando que ela era "débil", José Mauro seguiu-a, imitando sua movimentação. Pegou outro jipe, jogou fora do tablado.

Roberto e Márcia observaram que estava se comportando do mesmo jeito, e os demais concordaram, rindo. José Mauro pediu-me um cigarro e recusei, como sempre. Pôs-se a "fumar" uma canetinha. Ana sentou-se. José Mauro foi para o meio do tablado com uma das almofadas de plástico, parou de "fumar" a caneta e desenhou um avião sobre a almofada. Os demais calaram-se e passaram a observar o que fazia.

Perguntamos se queria "*trabalhar com aquilo*", isto é, dramatizar a partir do desenho, e se os outros concordavam. Relutou um pouco, apesar da insistência de Roberto e da aceitação das meninas. Disse coisas do tipo: "Eu topo, mas não vai dar em nada, é só um desenho, acho que isso é bobeira...".

Dissemos que nossa idéia era a de que fizesse o papel de avião, e nossa proposta, a de que criássemos juntos a história desse personagem. Concordou e escolheu Arthur para dirigir a dramatização.

Arthur: — Então você é o avião...

José Mauro: — Eu era o Dr. Livingstone que estava no avião que... Tá bom, tava caindo!

Provocara o riso do grupo, mas estava deitado de braços abertos e o clima que transmitia era de depressão.

Arthur: — O avião estava caindo e...

José Mauro: — E daí pronto, eu morri.

Arthur: — Está bem, você morreu. Mas, vamos continuar? Como é, agora que você morreu?

José Mauro: — Agora, tudo bem, não tem nenhum "grilo" mais.

Arthur: — Então, agora podemos conversar, você não tem mais nenhum "grilo" e pode fazer o que quiser. Do que você gostaria?

José Mauro (ainda deitado): — Eu acho que, afinal de contas, tem um monte de coisas de que preciso e que eu não tenho.

Arthur: — Sim, acho que agora você pode falar sobre essas coisas.

José Mauro (ainda deitado): — É, eu acho que tem um monte de coisas que um cara da minha idade precisa ter, roupa legal, as coisas mais em ordem...

José Mauro não foi além disso em sua "dramatização". Mas foi a primeira sessão em que falou de sua vida pessoal, em que formulou uma queixa na primeira pessoa.

O grupo estava atento, havia novas expressões no rosto de cada um.

Arthur aproximou-se mais de José Mauro, sentaram-se ambos sobre o tablado.

Arthur: — Você está vendo, que você pode precisar de coisas e querer coisas para você. Aqui no grupo também.

Roberto concordava com a cabeça, Neide e Ana estavam quietas. Márcia veio sentar-se com Arthur e José Mauro e, espontaneamente, fez um *sharing* *.

ALGUM COMENTÁRIO

Esta sessão é lembrada aqui para encerrarmos o livro com uma referência *à morte da infância.*

Anos depois de registrarmos esta sessão, encontramos o seguinte comentário de Winnicott, a respeito da situação que José Mauro (agora personagem do relato) protagoniza:

> "Na fantasia inconsciente total, própria do crescimento na puberdade e na adolescência, há a morte de alguém. Muita coisa pode ser manejada através da brincadeira e dos deslocamentos, e com base nas identificações cruzadas, mas, na psicoterapia do adolescente individual (e falo como psicoterapeuta), encontrar-se-á morte e triunfo pessoal como algo inerente ao processo de maturação e à aquisição do *status* social. Isso o torna bastante difícil para pais, mestres ou tutores, e difícil também para os próprios adolescentes, individualmente, que chegam timidamente ao assassinato e ao triunfo próprios da maturação neste estádio decisivo" (35, p. 196).

E este, de Sérgio Perazzo:

> "(...) a consciência de ser vivente e de ser morrente talvez esteja contida no corpo-que-morre, capaz de ser o fulcro da alavanca que o impulsiona para a identidade social quando ainda não atingida" (29, p. 111).

---

* Falou dos sentimentos e pensamentos, a respeito de si mesma, despertos pela dramatização de José Mauro.

REFERÊNCIAS BIBLIOGRÁFICAS

1. Aberastury, Arminda, *El Niño y sus Juegos*, Paidós, Buenos Aires, 1976.
2. Almeida, Wilson Castello de, *Psicoterapia Aberta: O Método do Psicodrama*, Ágora, São Paulo, 1982.
3. Anzieu, Didier, *El Psicodrama Analítico en el Niño*, Paidós, Buenos Aires, 1961.
4. Anzieu, Didier y Martin, J. Y., *La Dinamica de los Grupos Pequeños*, Kapelusz, Buenos Aires, 1971.
5. Aulagnier, Piera, *A Violência da Interpretação*, Imago, Rio de Janeiro, 1979.
6. Bally, Gustav, *El Juego como Expression de Libertad*, Fondo de Cultura Economica, México, 1965.
7. Bermúdez, J. G. R., *Titeres y Psicodrama*, Genitor, Buenos Aires, 1970.
8. Bustos, Dalmiro M., *Psicoterapia Psicodramática*, Paidós, Buenos Aires, 1975.
9. Erikson; Ackerman; Bach; Moreno, *Técnica de Psicoterapia en Acción*, Hormé, Buenos Aires, 1974.
10. Fédida, Pierre, "O Amor e a Morte na Transferência" (transcrição da gravação da palestra pronunciada na Faculdade de Ciências Médicas da UNICAMP em novembro de 1981).
11. Fonseca Filho, José de Souza, *Psicodrama da Loucura*, Ágora, São Paulo, 1980.
12. Freud, Sigmund, *The Standard Edition of the Complete Psychological Works*, Hogarth Press, Londres, 1975.
13. Gonçalves, Camila Salles, "Psicodramatista, Mulher e Criança", trabalho de terapeuta de aluno, apresentado na Sociedade de Psicodrama de São Paulo, 1981.
14. Greenberg, Ira A., *Moreno y el Psicodrama*, Hormé/Paidós, Buenos Aires, 1977.
15. Grosskurth, Phyllis, *Melanie Klein*, Maresfield Library, Londres, 1987.
16. Heidegger, M., *Acheminement vers la Parole*, Gallinard, Paris, 1986.
17. Klein, Melanie; Heiman, Paula e Money; Kryle, R. E., *Temas de Psicanálise*, Zahar, São Paulo, 1969.
18. Klein, Melanie, *Psicanálise da Criança*, Mestre Jou, São Paulo, 1969.
19. Laplanche, J. e Pontalis, J.-B., *Vocabulário da Psicanálise*, Martins Fontes, Santos, 1979.
20. Lebovici, Serge e Soulé, Michel, *O Conhecimento da Criança pela Psicanálise*, Zahar, Rio de Janeiro, 1980.
21. Lemoine, Gennie e Paul, *Jugar — Gozar, Por uma Teoria Psicoanalítica del Psicodrama*, Gedisa, Barcelona, 1980.
22. Monteiro, Regina F., *Jogos Dramáticos*, McGraw-Hill do Brasil, São Paulo, 1979.
23. Moreno, J. L., *Psicodrama*, Hormé/Paidós, Buenos Aires, 1961.
24. Moreno, J. L., *Psicoterapia de Grupo y Psicodrama*, Fondo de Cultura Economica, México, 1966.
25. Moreno, J. L., *Las Bases de la Psicoterapia*, Hormé, Buenos Aires, 1967.

26. Moreno, J. L., *Fundamentos de la Sociometria*, Paidós, Buenos Aires, 1962.
27. Moreno, Zerka T., *Psicodrama de Crianças*, Vozes, Petrópolis, 1975.
28. Naffah Neto, Alfredo, *Psicodramatizar*, Ágora, São Paulo, 1980.
29. Perazzo, Sérgio, *Descansem em Paz os Nossos Mortos dentro de Mim*, Francisco Alves, Rio de Janeiro, 1986.
30. Porchat, Ieda (org.), *As Psicoterapias Hoje, Algumas Abordagens*, Summus, São Paulo, 1982.
31. Safouan, Moustapha, *Reflexiones sobre el Psicodrama Analítico*, Argonauta, Barcelona, 1979.
32. Safouan, Moustapha, *A Sexualidade Feminina*, Zahar, Rio de Janeiro, 1977.
33. Vallejo, A. e Magalhães, L. C., *Lacan: Operadores de Leitura*, Perspectiva, São Paulo, 1981.
34. Widlöcher, Daniel, *Psicodrama Infantil*, Vozes, Petrópolis, 1970.
35. Winnicott, D. W., *O Brincar & a Realidade*, Imago, Rio de Janeiro, 1975.
36. Winnicott, D. W., *O Ambiente e os Processos de Maturação*, Artes Médicas Sul, Porto Alegre, 1983.
37. Winnicott, D. W., *Through Paediatrics to Psycho-Analysis*, Hogarth Press, Londres, 1975.

www.gruposummus.com.br

IMPRESSO NA GRÁFICA sumago

sumago gráfica editorial ltda
rua itauna, 789 vila maria
02111-031 são paulo sp
tel e fax 11 **2955 5636**
sumago@sumago.com.br